Gerd Albrecht und Gerd-Helge Vogel
Mondlicht und Wellenspiel – Louis Douzette (1834–1924)

1

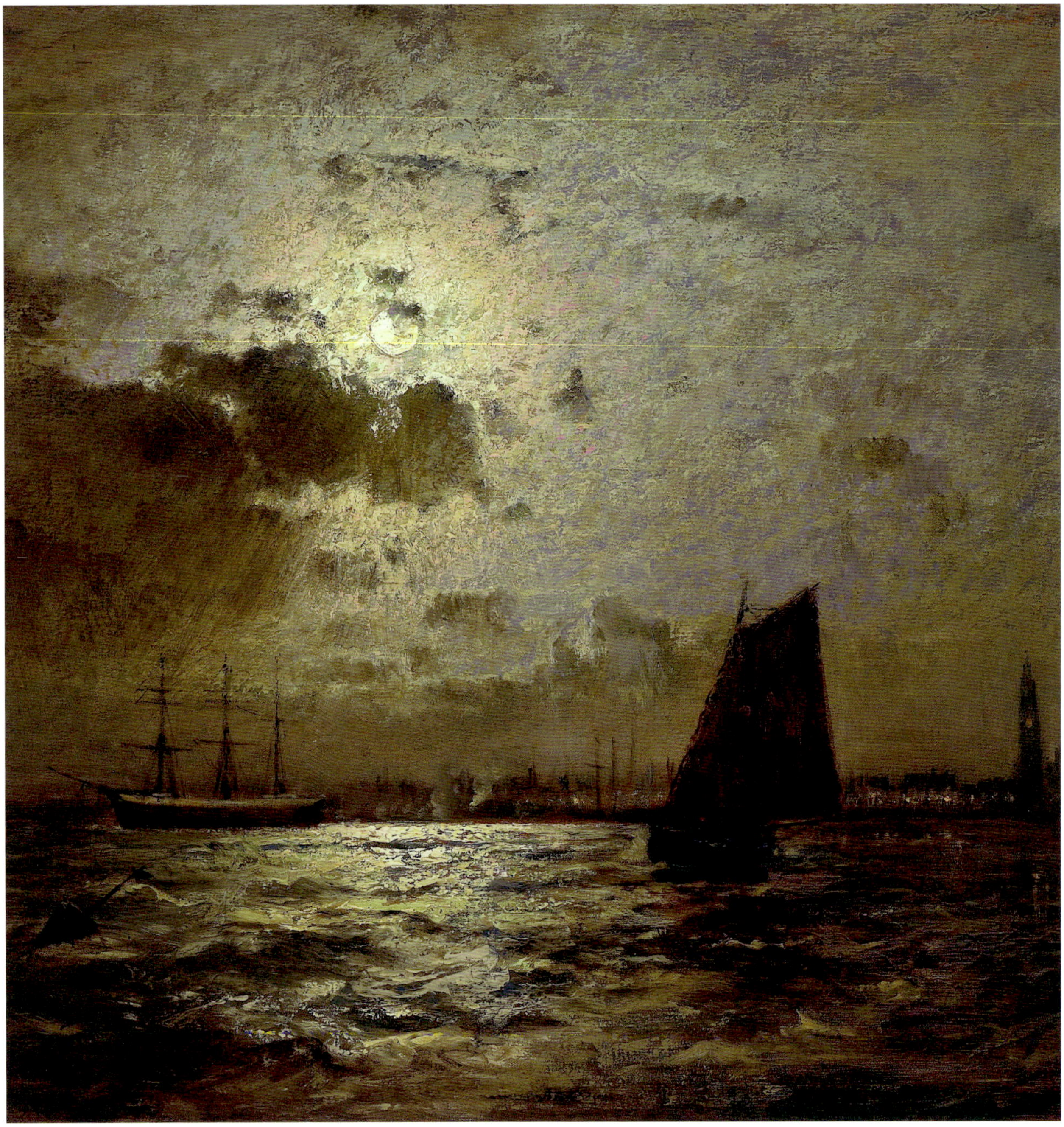

Abb. 1
**Louis Douzette: Segler vor Antwerpen, um 1908**
Öl auf Lw., 56 x 119 cm, sign. u. l.
Vineta-Museum Barth, Inv.-Nr. VMB-557

Abb. 2
**Louis Douzette: Naturstudie Birnen und Apfel**
Deckfarben auf Papier, 23 x 30,7 cm, unsign., undat.,
Vineta-Museum Barth, Inv.-Nr. VMB-088

Gerd Albrecht und Gerd-Helge Vogel

# Mondlicht und Wellenspiel

## Louis Douzette (1834–1924)

## Ein Künstler zwischen Romantik und Impressionismus

Gerd Albrecht [Herausgeber]
Vineta-Museum der Stadt Barth

Ludwig

Anlässlich des 100. Todestags von Douzette widmet die Stadt Barth ihrem Ehrenbürger eine Ausstellung und die Herausgabe dieses Begleitbuchs

**Ausstellung Teil I:** Von Caspar David Friedrich zu Louis Douzette – romantische Landschaftsmalerei im Werk und Umfeld von Douzette – *Vorbilder, Lehrer und Zeitgenossen des Künstlers*
21. Februar 2024 – 21. September 2024

**Ausstellung Teil II:** Die Magie des Lichts im Lebenswerk von Douzette, dem künstlerischen Entdecker der Darß- und Verehrer der baltischen Küstenlandschaften
25. September 2024 – 25. September 2025

im Vineta-Museum der Stadt Barth, Lange Straße 16, 18356 Barth,
T 038231 81771, museumsleiter@vineta-museum.de

# Inhalt

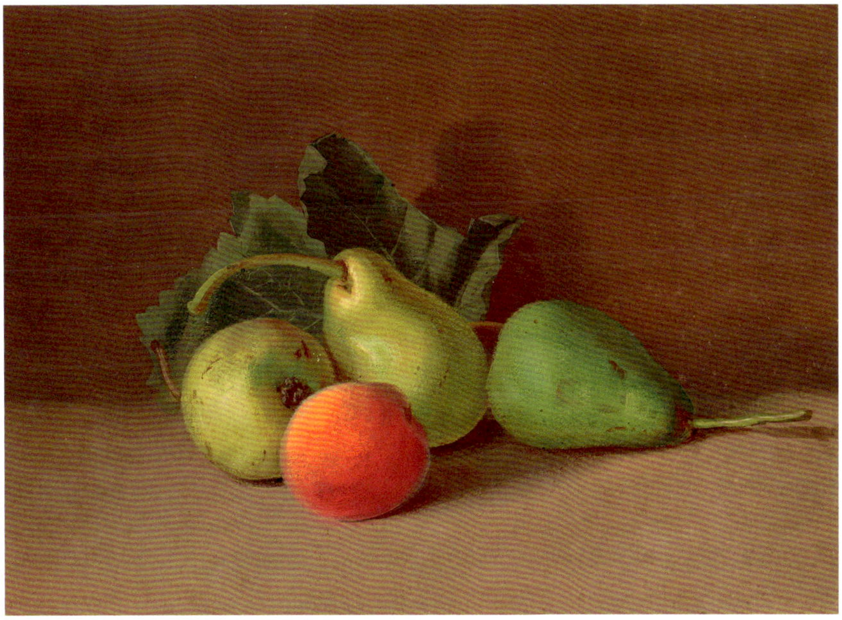



# Vorwort

Die Herausgabe dieses Bandes anlässlich des 100. Todestags von Louis Douzette fällt in den Zeitraum der großen Friedrich-Ehrung 2024. So wundert es nicht, dass sich die Sonderausstellung und dieses Begleitbuch auf Spurensuche begeben. 100 Jahre nach dem Tod des Ehrenbürgers von Barth werden hier in der Stadt und in ganz Vorpommern neue Begegnungsmöglichkeiten mit dem Künstler geschaffen, die einen frischen Blick auf das künstlerische und zeitliche Umfeld Douzettes liefern.

In diesem besonderen Jahr ist das ohne eine Reflexion der Romantik in Pommern nicht denkbar, zumal Douzettes »romantisches vorpommersches Erbgut« in seinem Frühwerk nicht zu leugnen ist. Der in dieser Kunstepoche symbolisch aufgeladene Mond als Zeichen beständigen Wandels und steter Erneuerung kann nicht nur als ein wesentliches Sujet in Douzettes Werk, sondern auch als Attribut für ihn selbst gelten, der als wandlungsfähiger und suchender Künstler zum Protagonisten der Darstellung der Naturschönheiten der Küstenregionen wurde.

Dieser Band spannt den Bogen von Caspar David Friedrich (1774–1840) – der »Sonne« und Lichtgestalt der romantischen Malerei – hin zum »Mond«, Louis Douzette, der die Landschaft in der Nacht zu erhellen und erleben verstand.

Dieser Band zeigt auf, dass man Douzette in keiner Weise gerecht wird, wenn man ihn als »Nachtwandler« zu charakterisieren versucht. In seinem sehr umfangreichen Werk, das in einem über 90 Jahre währenden Künstlerleben entstand, hat er wie kaum ein anderer das Wesen und die Besonderheiten der Küstenlandschaften mit unterschiedlichsten Techniken festgehalten; er wurde mit seinen poetischen Bildgeschichten zum Chronisten und Werbeträger dieser Stadt, der Region und des Ostseeraums, die er immer ins rechte Licht zu stellen verstand.

So wundert es nicht, dass auch 100 Jahre nach dem Tod des Barther Ehrenbürgers, der schon zu Lebzeiten zahlreiche, auch internationale Anerkennung erfahren hatte, die Bewunderung und Sammelleidenschaft für seine Werke ungebrochen sind.

Ein Großteil des Privatnachlasses, der im Jahr 2021 der Stadt Barth durch Louis Douzettes Urgroßenkel Dr. Gottfried Böhme (1934–2023) als Schenkung überantwortet wurde, sowie zahlreiche Leihgaben aus der gesamten Bundesrepublik können erstmalig in diesem Band präsentiert werden.

Wir wünschen Ihnen viel Freude und Gewinn bei der Lektüre.

Friedrich-Carl Hellwig
Bürgermeister der Stadt Barth

Heiko Miraß
Staatssekretär für Vorpommern

# »… ich wollte ganz in der Natur leben …«

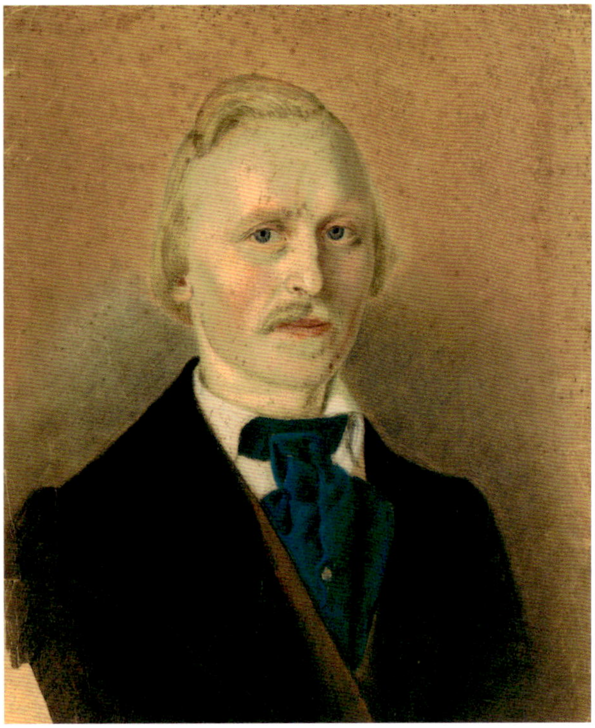

3

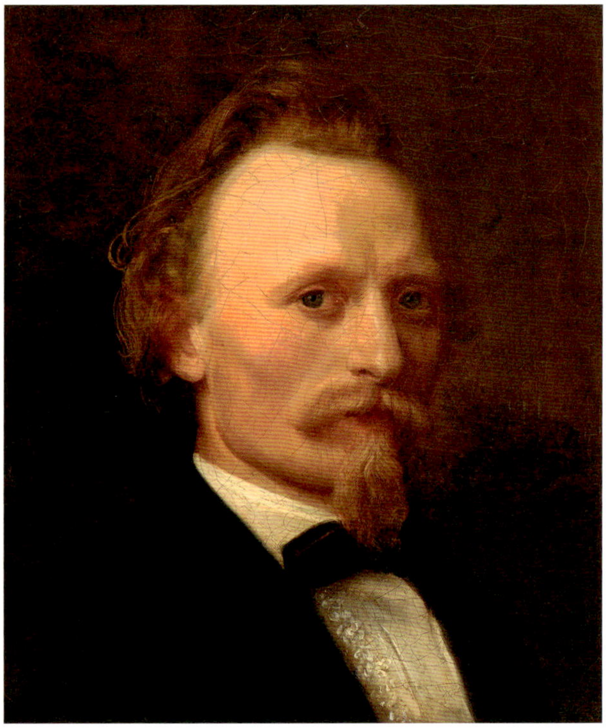

4

Abb. 4
**Louis Douzette: Selbstporträt in jungen Jahren**
Öl auf Lw., 39,5 x 34, sign. u. r.
Pommersches Landesmuseum Greifswald, Inv. G 4 A/83

Abb. 3
**Louis Douzette: Selbstbildnis, um 1860**
Mischtechnik, Pastell und Farbstifte auf braunem Karton
23,5 x 27,8 cm, unsign., undat.,
Vineta-Museum Barth, Inv.-Nr. VMB-517

Abb. 5
**Louis Douzette: Mein Paradies, 1897**
Öl auf Holz, 30 x 45 cm, sign. u. dat. u. r.
Vineta-Museum Barth, Inv.-Nr. VMB-1981

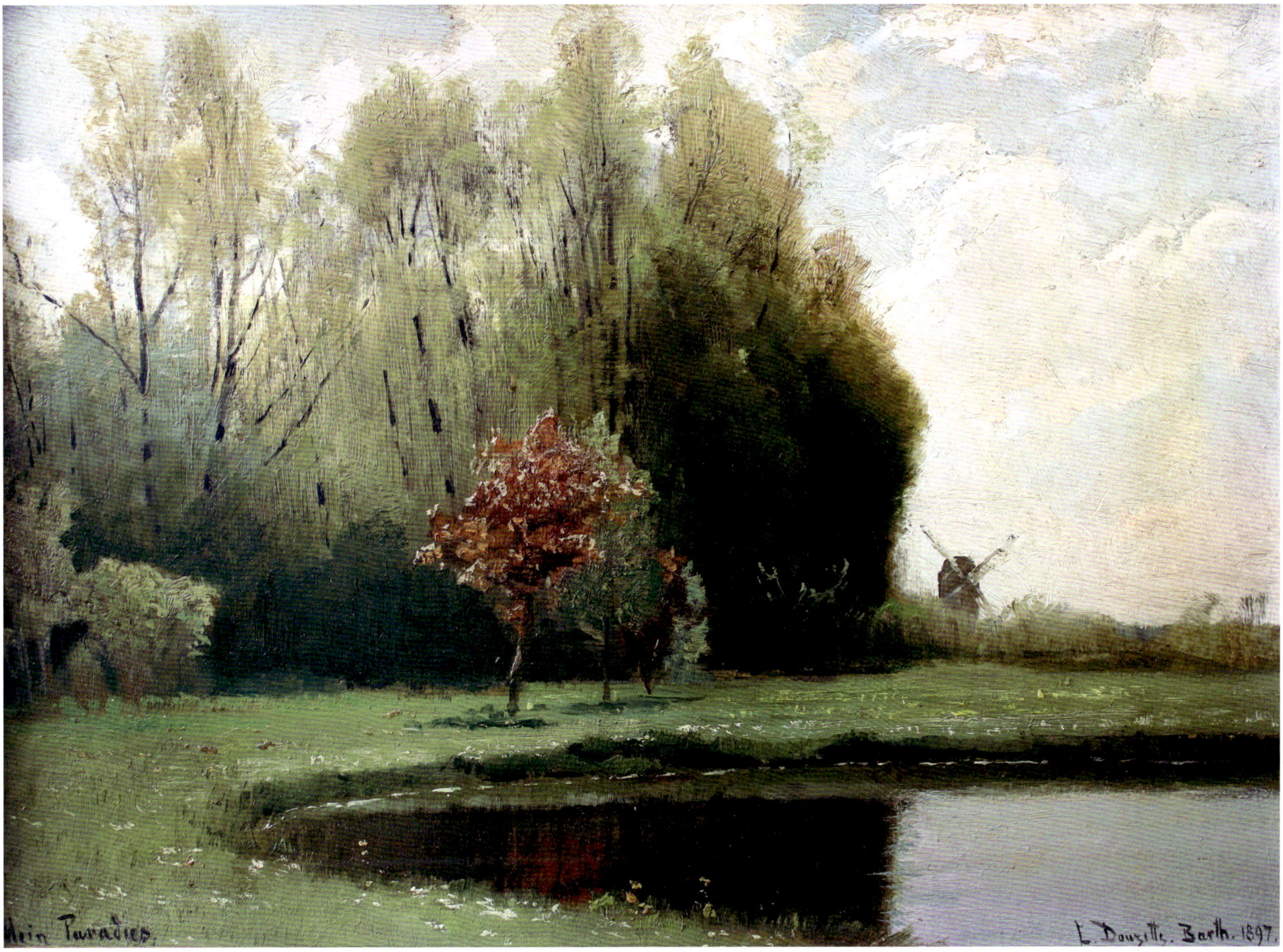


5

Über den langen Zeitraum von neun Jahrzehnten durchlebte Louis Douzette die Wende vom 19. zum 20. Jahrhundert. So wurde er Zeitzeuge preußisch-deutscher Geschichte, von der deutschen Kleinstaaterei über das Kaiserreich bis hin zur Weimarer Republik. Im landschaftlich offenen und weitgehend unberührten Pommern wächst der junge Douzette auf (Abb. 3, Selbstbildnis). Als junger Mann wird er Zeitzeuge und Chronist der zunehmenden Veränderungen im Landschaftsbild durch die rasante Industrialisierung. Städtisches Leben, das Milieu seiner neuen beständig wachsenden Wahlheimat Berlin findet sich kaum in seinen Werken. Douzette sucht seine Motive im Umland oder in den Oasen der preußischen Hauptstadt. Es sind Naturstudien, Landschaftsbilder und Lichtstimmungen, die den jungen Mann (Abb. 4, Selbstporträt) erste Anerkennung bringen.

Mit seinem Briefgeständnis »… ich wollte ganz in der Natur leben« verwundert es nicht, dass er die Sommer fast jährlich im weiten Land am Meer verbringt. Nach seiner beständigen Umsiedlung von Berlin zurück nach Barth entsteht im Jahr 1897 *Mein Paradies*, ein Ölbild im Stile der *Paysage intime* (schlichte, einfache Landschaftsbilder, die als die Vorgänger des Impressionismus gelten).

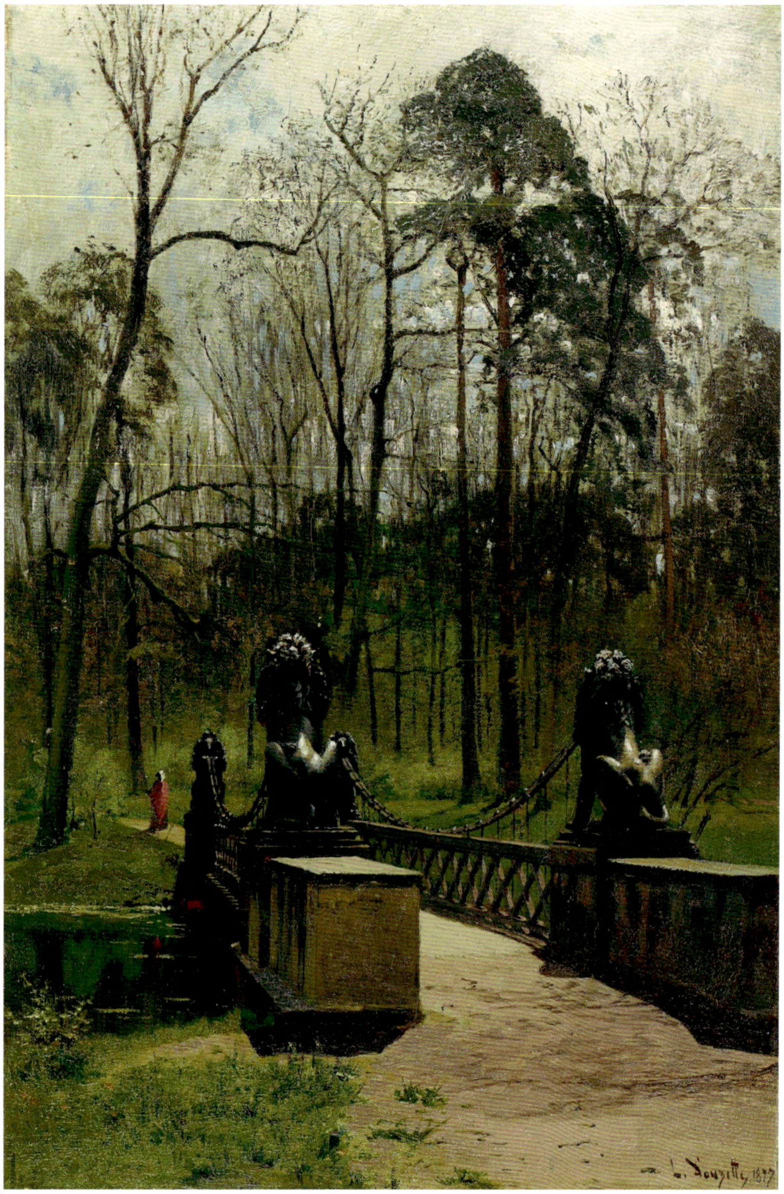

6

Abb. 6
**Louis Douzette: Die Löwenbrücke im Tiergarten (Berlin), 1897**
Öl auf Lw., 59,5 x 40 cm, sign. u. dat. u. r.
Privatbesitz

Abb. 7
**Louis Douzette: Brücke über Wasserlauf und Bäume (Motiv aus dem Tiergarten, Berlin), 1863**
Mischtechnik mit Öl auf Karton, 31 x 24 cm,
sign. u. dat. u. l.: »(18)63«,
Vineta-Museum Barth, Inv.-Nr. VMB-481

## Berliner Jahre (1856–1895)

Ausgangspunkt von Douzettes künstlerischem Wirken war die Erarbeitung des ›klassischen Programms‹ der damaligen Kunstakademien: Kopieren nach dem Vorbild alter Meister und Übung von Hand und Auge durch zeichnerische Naturstudien im Detail.

Zahlreiche botanische Studien, Stillleben (Abb. 2) und Landschaftsimpressionen, zum Beispiel aus dem Berliner Tiergarten, haben sich in Douzettes Nachlass erhalten (Abb. 7, Abb. 8). Charakteristisch für sein Wirken bleibt, dass er auf frühe Skizzen zurückgreift und Elemente davon in spätere Arbeiten Eingang finden, wie im 1897 entstandenen Ölbild *Die Löwenbrücke im Tiergarten Berlin* (Abb. 6).

Grundsätzlich hielt sich Douzette in seinem Frühwerk an die Regeln von realistischer Beobachtung und Wiedergabe, wie er sie vor allem durch die Schulung an den Werken der alten niederländischen Meister in der Berliner Gemäldegalerie kennengelernt hatte. Von diesen gehörten Jacob van Ruisdael (1628/29–1682), Allart van Everdingen (1621–1675) und Jan van der Meer d. Ä. (Jan Vermeer van Haarlem II., 1628–1691) zu seinen Favoriten. Kunstdrucke dieser Meister haben ihn ein Leben lang begleitet und fanden sich in seinem Privatnachlass (Abb. 10).

Sie dienten ihm als eine ständige Richtschnur für eine realistische Beobachtung und Wiedergabe der landschaftlichen Eindrücke, die er in seiner pommerschen Heimat oder fernab auf seinen Reisen gewann.

Im Zuge seiner weiteren Entwicklung, vor allem nach seiner ersten Frankreichreise 1878 und dem Kennenlernen der Meister der *Schule von Barbizon,* erlangte die Methode der dort beobachteten Plein-air-Malerei (Freiluftmalerei) für sein Schaffen zunehmende Bedeutung. Zu ihren Vertretern gehörte Théodore Rousseau (1812–1867), der die realistische Wiedergabe unspektakulärer Wald-, Wiesen- und Moorszenen in die Motivwelt der Landschaftsmalerei einführte. Er entlehnte die Motive zu seinen Bildern vornehmlich dem Wald von Fontainebleau (Abb. 9).

Rousseau begründete einen neuen Bildtypus, die *paysage intime*, die intime Landschaft, das heißt eine Nahsicht auf die Natur. Der »frische« Blick der Künstler wird unspektakulärer aber persönlicher und natürlicher.

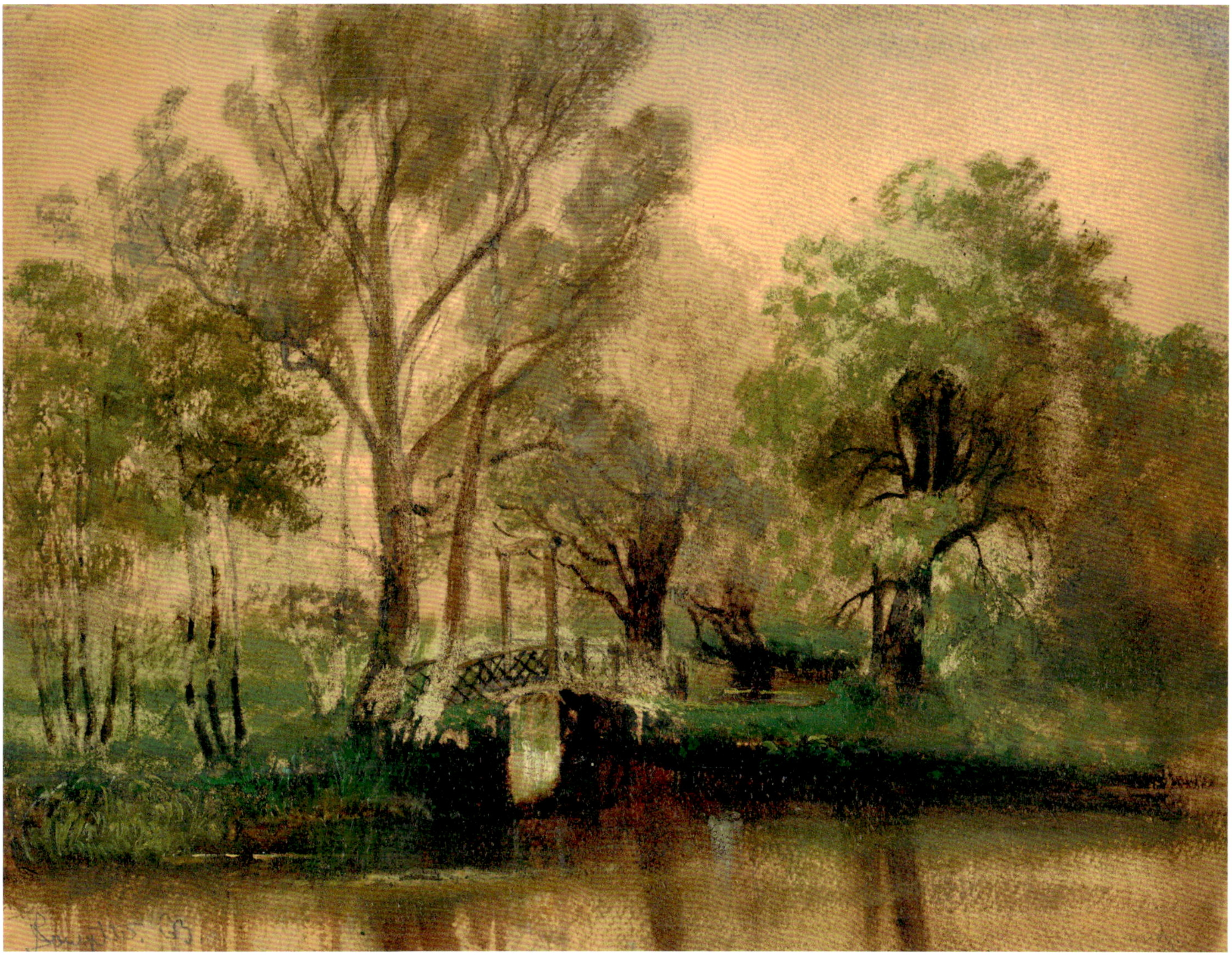

7

Douzette wird seinen »Wald von Fontainebleau« auf dem Darss finden, wo neben Wald und Mooren eine naturnahe Binnen- und Außenküste die Landschaft zusätzlich bereichert. Diese Darß-Landschaft wird Jahrzehnte nach Douzette auch die Meister der Ahrenshooper Künstlerkolonie begeistern und herausfordern. Er inszeniert unprätentiös meist pommersche, brandenburgische und skandinavische Landschaftseindrücke durch magische Lichtmomente. Dabei schenkt er intimen Landschaften durch effektvolle Momente von Wolkenkonstellationen und Lichtreflexionen eine dauerhafte, meisterliche Faszination (Abb. 11, 12 und 13).

8

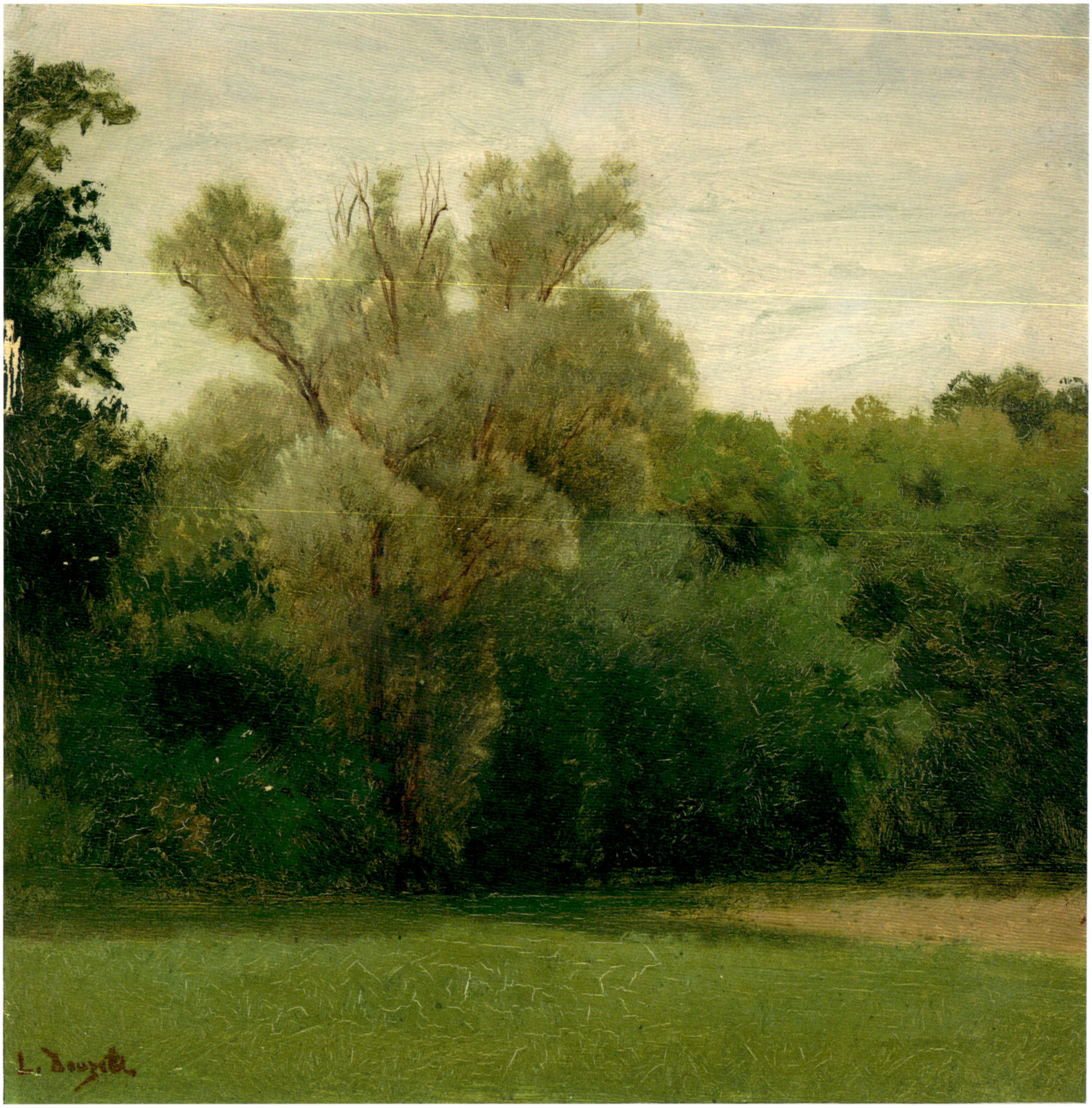

Abb. 8
**Louis Douzette: Waldrand mit alter Weide**
Öl auf Karton, 23,5 x 22,7 cm, unsign., undat.
Vineta-Museum Barth, Inv.-Nr. VMB-096

Abb. 9
**Théodore Rousseau: LE MARES DE BELLECROIX**
Héliogravure von 1876, 57 x 42 cm,
Vineta-Museum Barth, Inv.-Nr.: VMB-1271

Abb. 10
**Jakob van Ruisdael: Gebirgslandschaft im hessisch-thüringischen Charakter**
Photogravure, 30 x 26 cm,
Photographische Gesellschaft Berlin, 1885
Vineta-Museum Barth: Nachlass Douzette

Abb. 11
**Louis Douzette: Dorfschmiede im Wald im Mondschein, 1868**
Öl auf Lw., 103 x 81 cm, sign. u. dat. u. r.
Vineta-Museum Barth, Inv.-Nr.: VMB-562

Abb. 12
**Louis Douzette: Pferdegespann mit Kutsche, eine Brücke überquerend (Winterlandschaft), 1879**
Öl auf Lw., 50 x 76, sign. u. dat. u. l.
Privatbesitz

Abb. 13
**Louis Douzette: Brandung am schwedischen Binnenmeer, 1907**
Öl auf Lw., sign.u. dat. u. r.
Dauerleihgabe

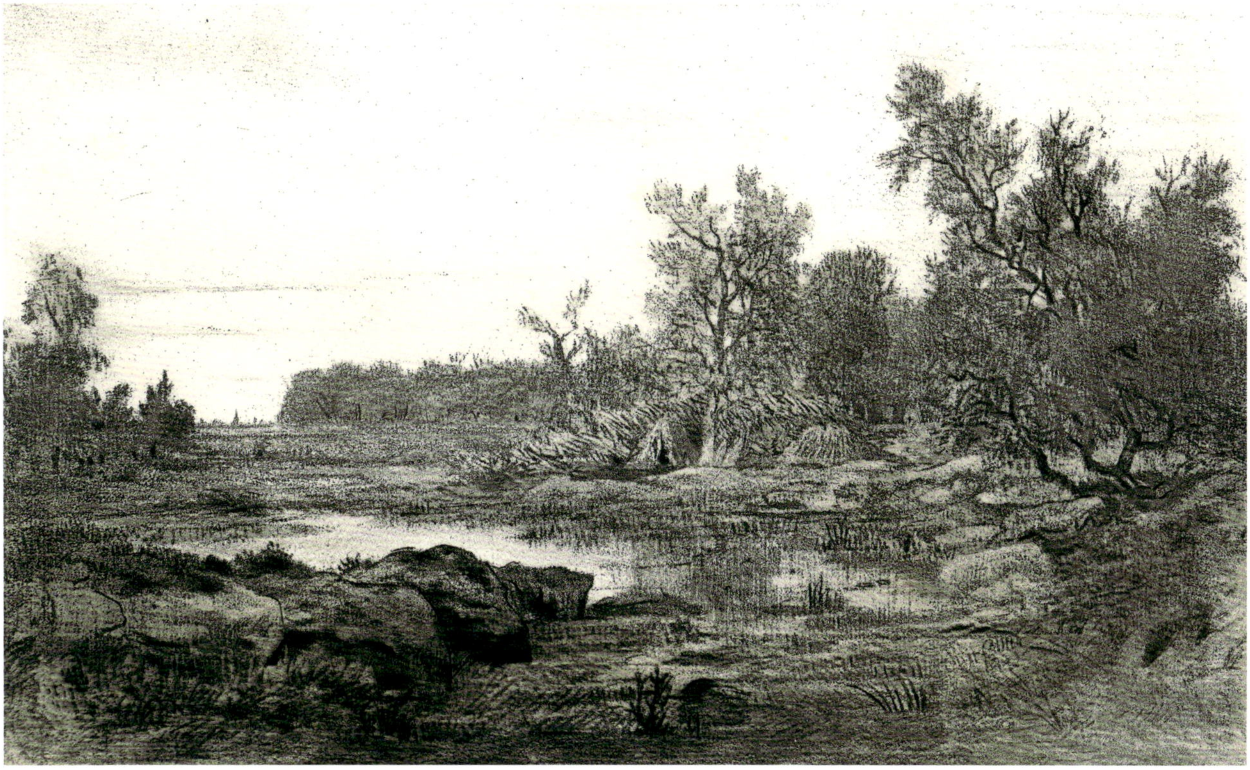
9

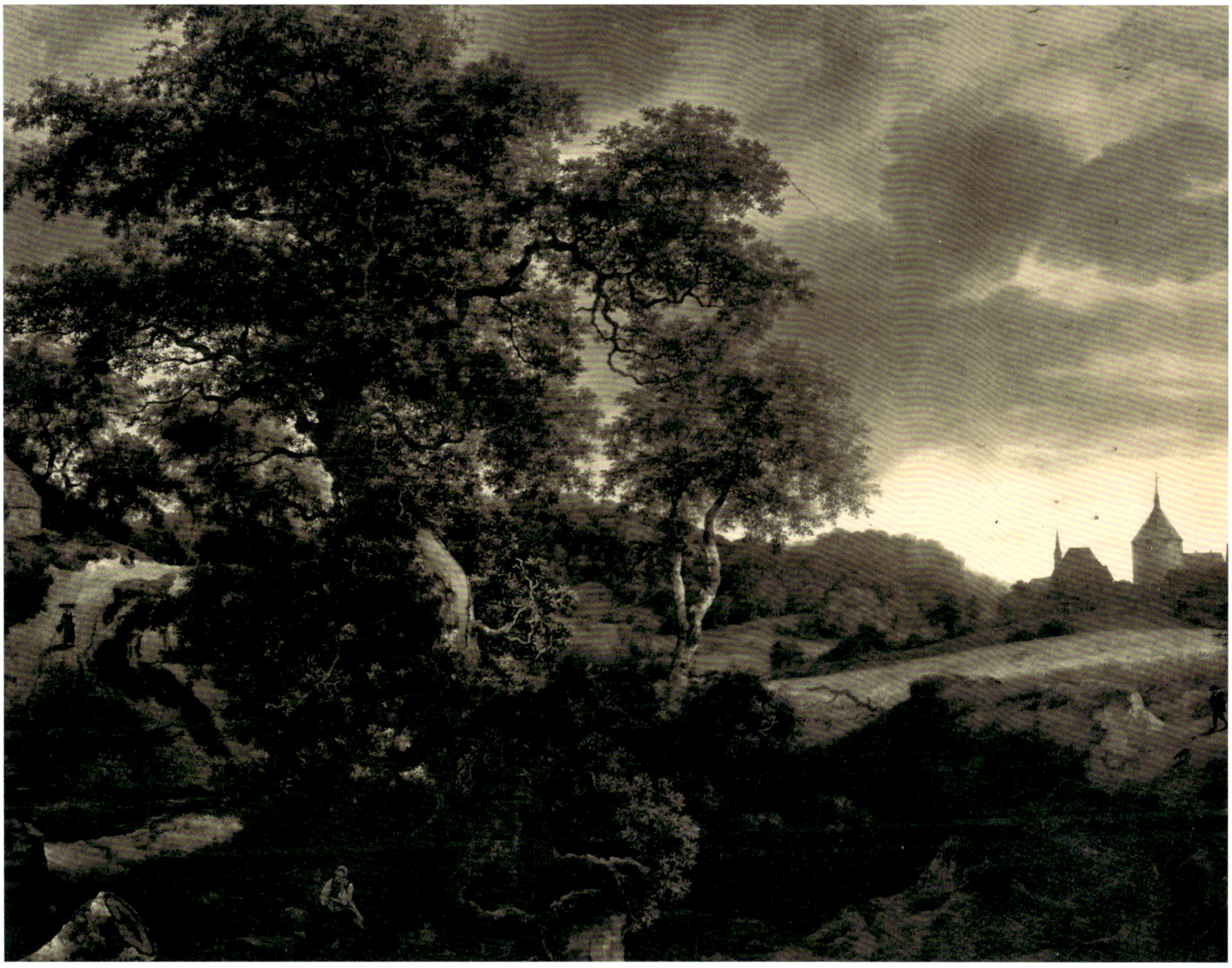
10

11

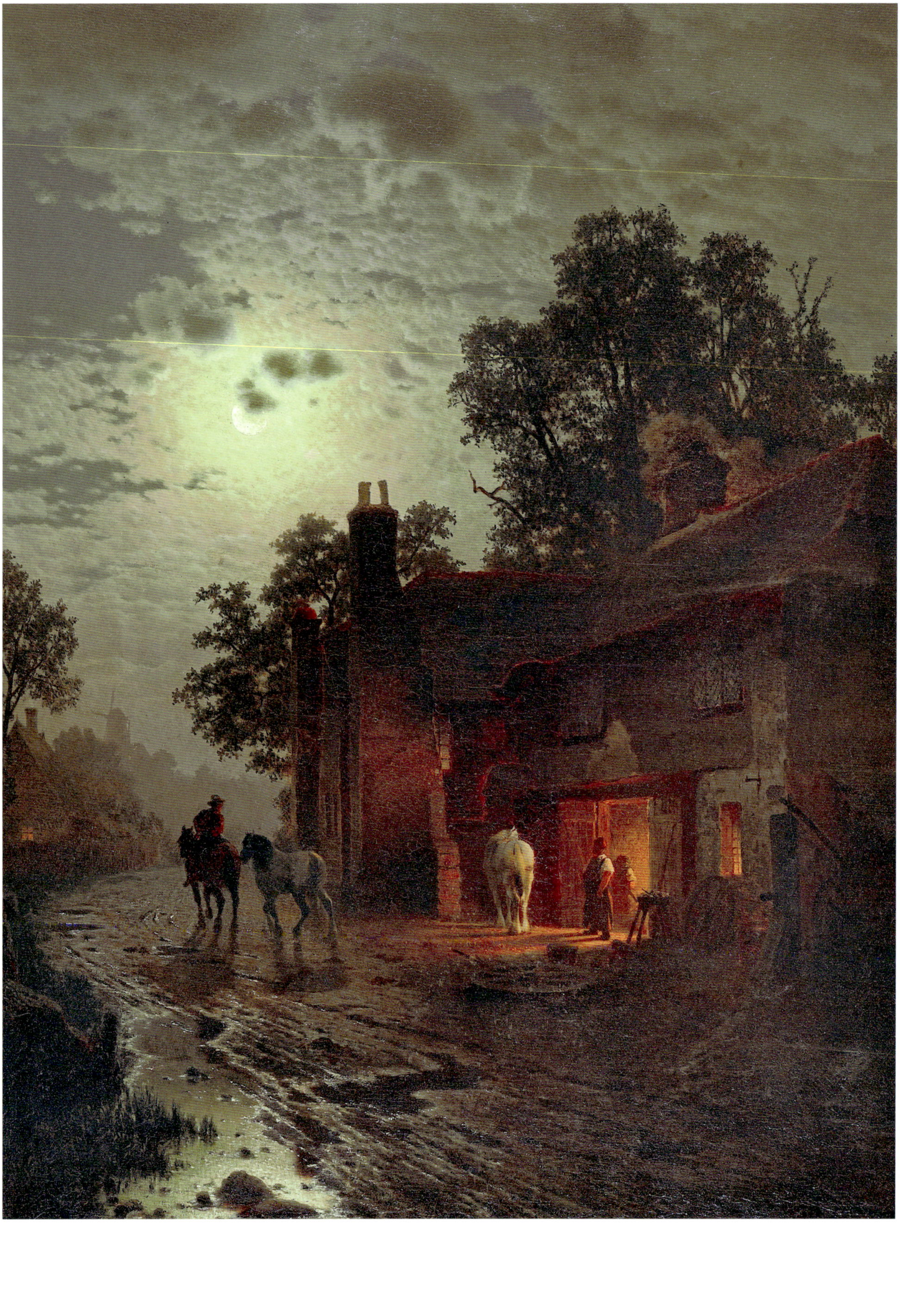

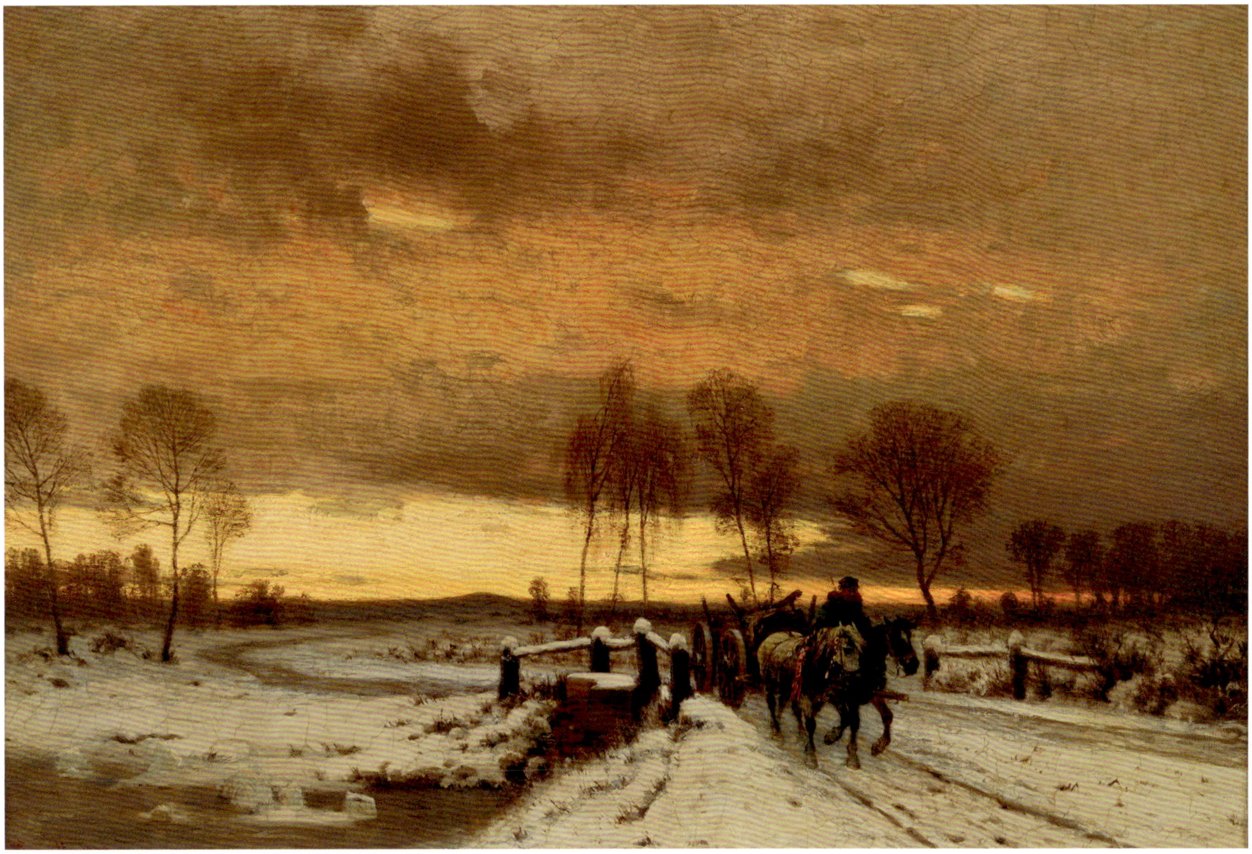

12

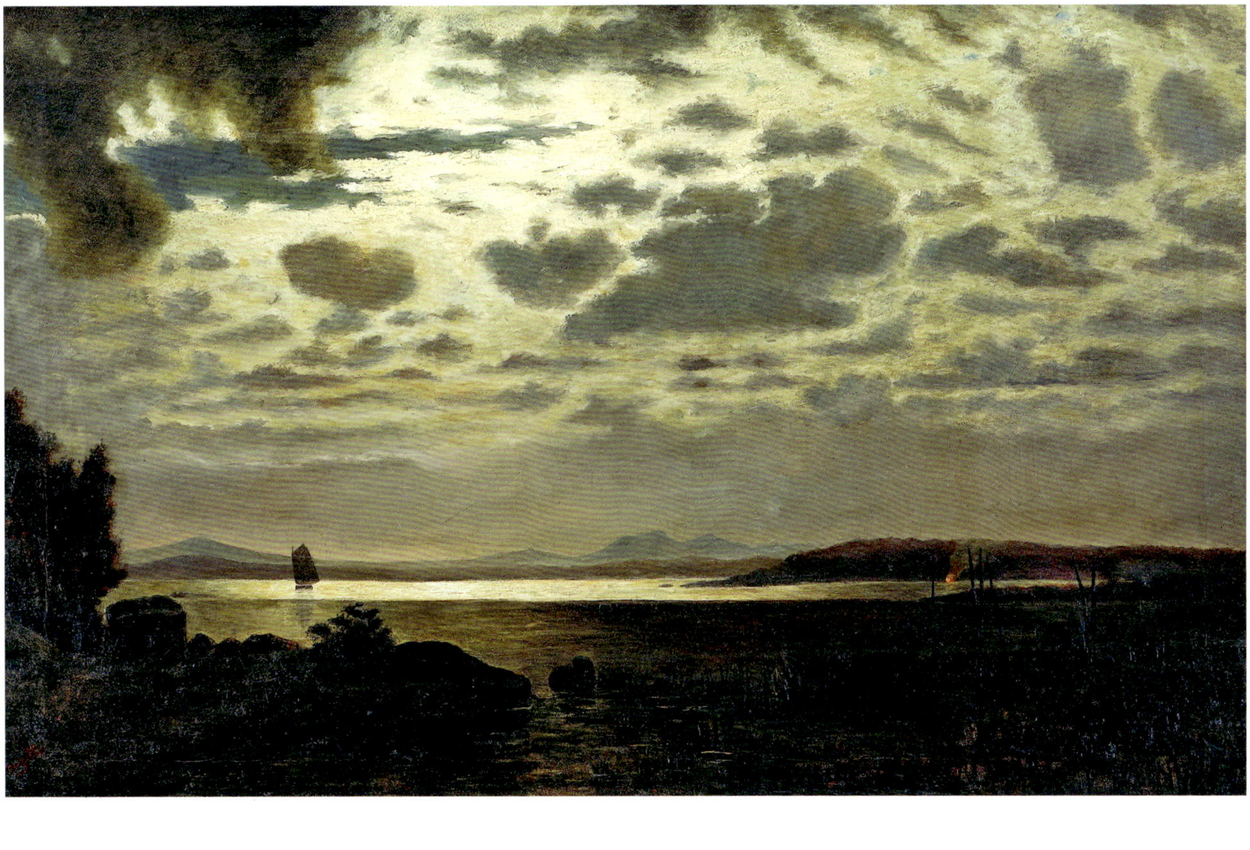

13

# Douzettes Wurzeln in der romantischen Malerei

Am Anfang von Douzettes Ausbildungszeit waren Spätromantik und Biedermeier sowie das Erbe, das Caspar David Friedrich (1774–1840) vor allem in Vorpommern hinterlassen hatte, noch immer lebendig. Frühe Kompositionen lassen spürbar werden, dass sich Douzette zunächst als Fortsetzer dieser Traditionen begriff.

**Ein Hauptthema bildete dabei die Darstellung des Mondes**, dessen milder Schein die Dunkelheit der Nacht erhellt. Die Zu- und Abnahme des Nachtgestirns verstand man als Sinnbild von Wandel und Beständigkeit, Sterben und Auferstehung.

Aufklärer und Romantiker begaben sich aus der Enge der Städte hinaus in die Natur und richteten ihren Blick zum Nachthimmel. Der Mond wurde dabei zur Projektionsfläche für alle denkbaren Träumereien. Er gilt als ständiges Symbol der Erneuerung, der göttlichen Ordnung, des Fremden und der Liebe, des Trostes sowie der Poesie. Damit verstand man das Licht des Mondes ganz wesentlich als Zeichen der Hoffnung. Man verband sein Licht, das in dunkelster Finsternis bis in die menschliche Seele hineinleuchtet, als Zeichen der Zuversicht. Ohne dass Douzette die romantische Bildmetaphorik seiner Vorgänger unreflektiert fortgesetzt hätte, hielt er dennoch an der Vorstellung von der magischen Kraft des Mondlichtes fest, von der er sich lebenslang fasziniert und inspiriert sah.

In seinem Frühwerk *Mondschein über dem Wald mit Ruinen* (1869) greift er mit dem düsteren geheimnisvollen Wald und der Ruinenlandschaft zusätzliche Metaphern auf, die die romantische Malerei charakterisiert hatten (Abb. 14).

1863 gelang es ihm als Atelierschüler in die private Malschule von Hermann Eschke (1823–1900) aufgenommen zu werden. Dieser Meister wurde ihm bald zum guten Freund. Bei Studien in der Umgebung Berlins galt Douzettes Interesse vor allem der Herausarbeitung der Gegensätze von natürlichem Mondlicht und künstlichen Lichtquellen, im Kontrast zur umgebenden Dunkelheit. In dieser Hinsicht war er mit dem Motiv der ***Dorfschmiede am Walde bei Mondschein*** so erfolgreich, dass er das Thema bis über die Mitte der 1880er Jahre hinaus oft wiederholen konnte (Abb. 11). Mit derartigen Werken erwarb er sich schnell den Titel eines »**Mondscheinmalers**« oder »**Magiers der Nacht**«, obgleich sich sein Schaffen nie auf diese Spezialstrecke reduzieren ließ.

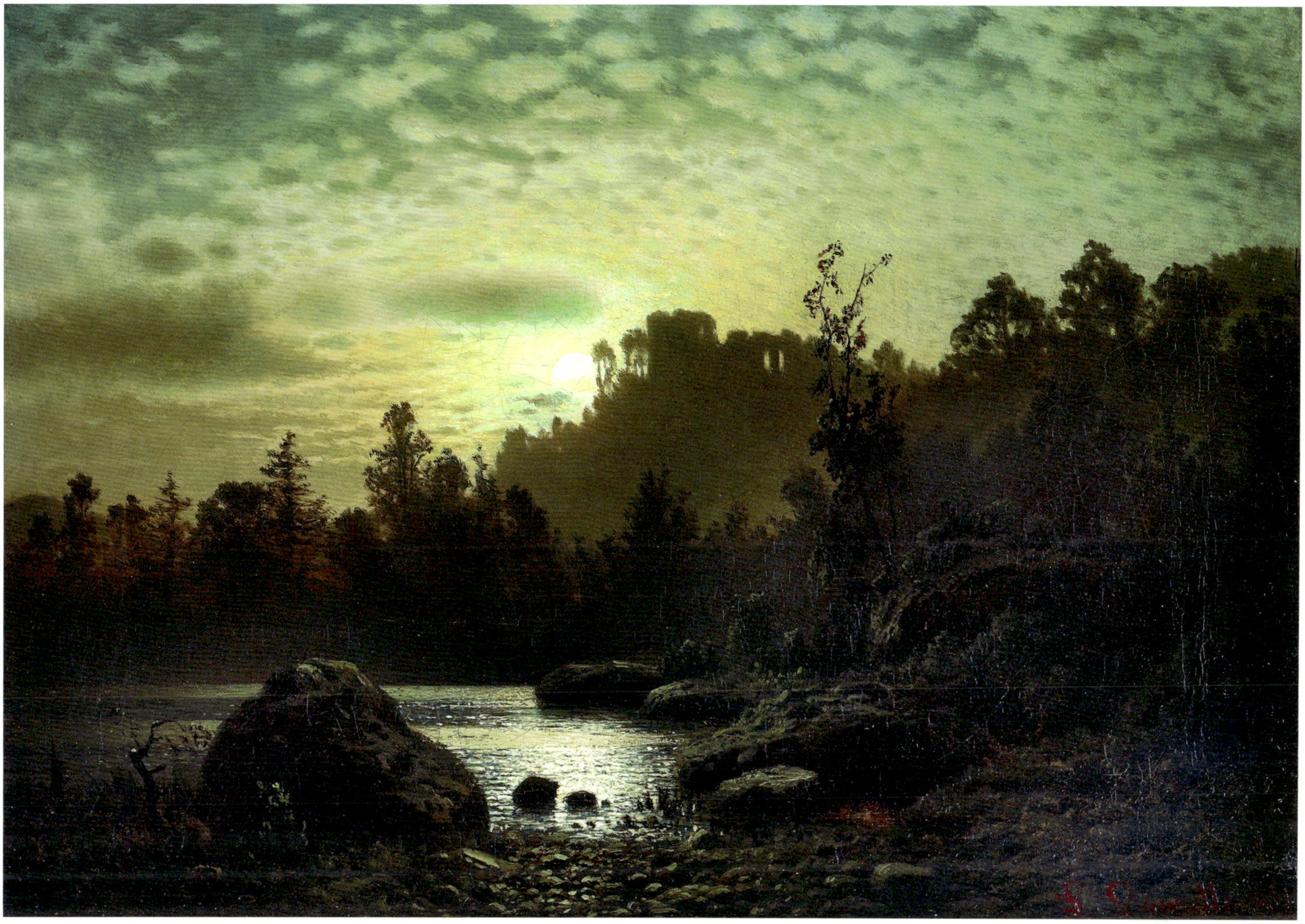

14

Nicht nur die holländische Landschaftsmalerei hinterließ deutliche Spuren in Douzettes frühem Kunstschaffen. Ähnliche Bedeutung erlangten die romantischen Landschaftsbilder aus dem Umkreis Caspar David Friedrichs mit ihren metaphorischen Andeutungen und – ebenfalls – häufigen Monddarstellungen. Die Fortsetzung der Traditionslinie von Friedrich zu Douzette wird besonders in der Gegenüberstellung der beiden Arbeiten *Flachlandschaft am Greifswalder Bodden* von Friedrich (Abb. 15) und dem *Segler vor dem Bollwerk am Barther Bodden* von Douzette (Abb. 16) offensichtlich. Die typischen Rückenfiguren Friedrichs vor dem Mondlicht (Abb. 17) finden sich in beiden Boddenbildern von Mondlicht reflektierenden Wasserflächen, auf denen die Segler gleiten. In Komposition, Duktus und Stimmung kommen sich hier die beiden Landsleute besonders nah (Abb. 15 und Abb. 16).

Abb. 14
**Louis Douzette: Mondschein über dem Wald mit Ruinen, 1869**
Öl auf Lw., 35 x 50 cm, sign. u. dat. u. r.
Privatbesitz

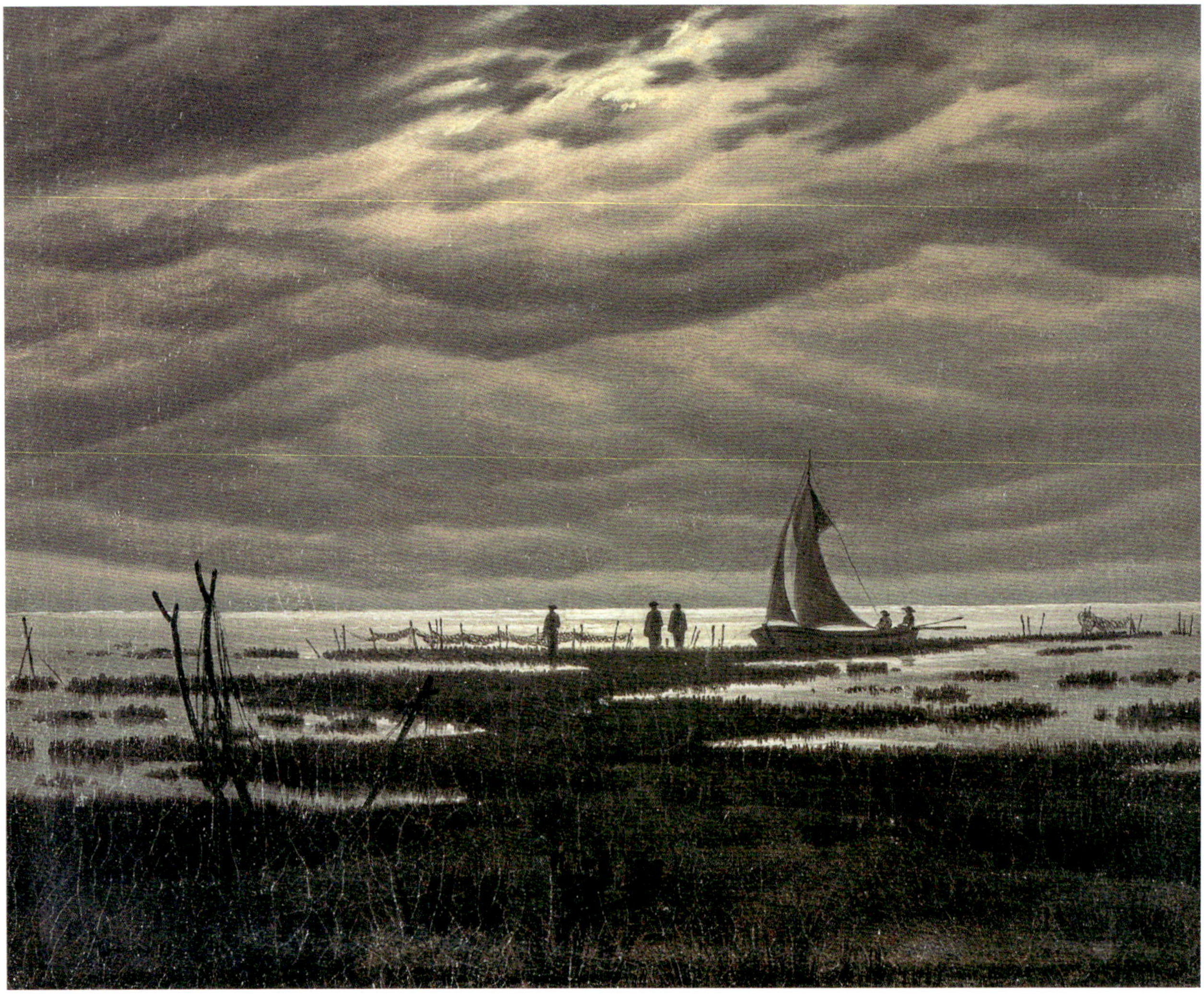

15

Abb. 15
**Caspar David Friedrich: Flachlandschaft am Greifswalder Bodden (Seestück, Abend an der Ostsee), um 1830/32**
Öl/Lw., 25,7 x 31,5 cm,
Museum Georg Schäfer, Schweinfurt

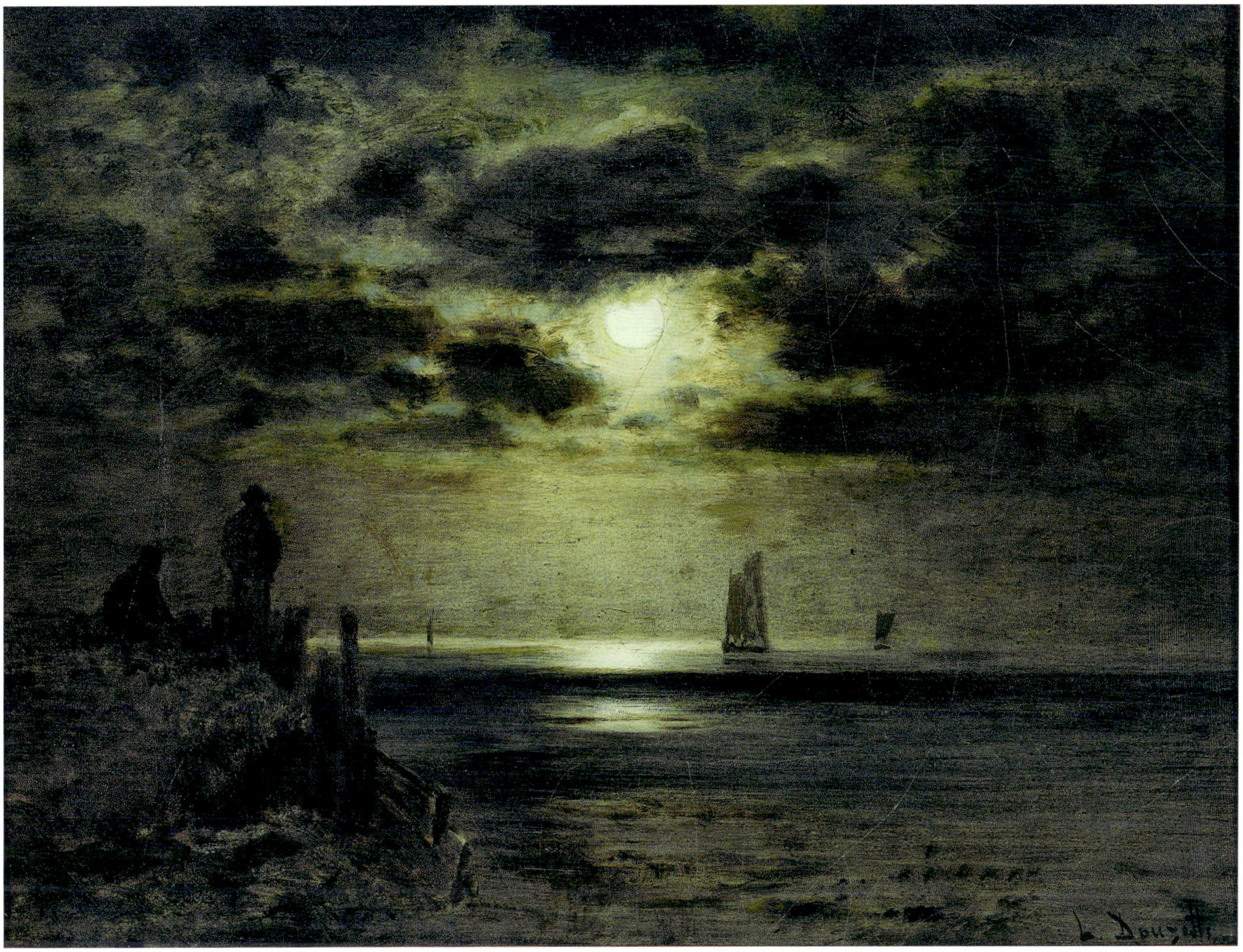

16

Abb. 16

**Louis Douzette: Segler vor Bollwerk**

Öl auf Lw., undatiert.

Privatbesitz

17

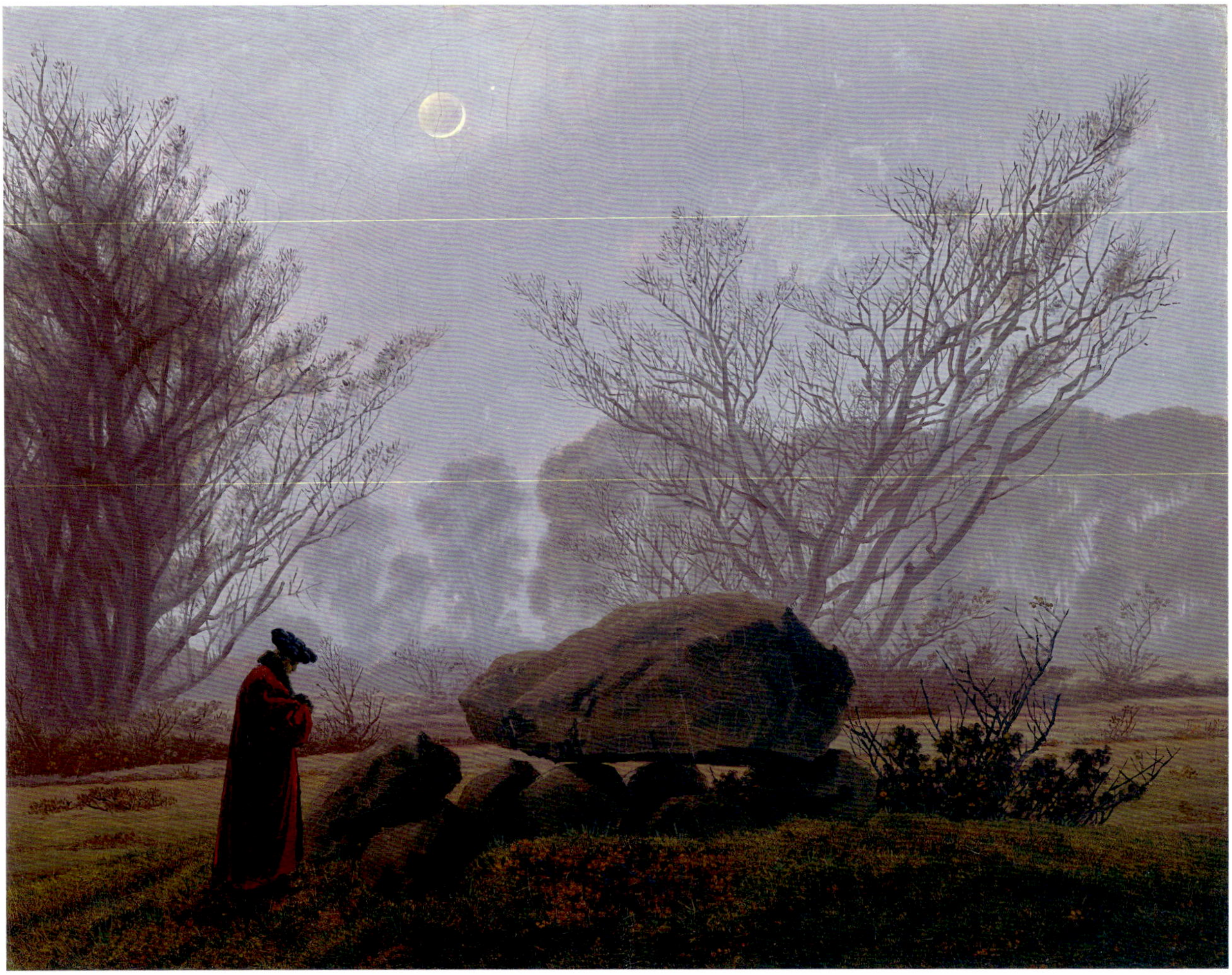

Zu nennen wäre in diesem Zusammenhang auch der Friedrich-Schüler Johann Gustav Grunewald (1805–1878), der, ebenso wie sein Lehrer C.D. Friedrich im *Spaziergang in der Abenddämmerung* (Abb. 17), in seinen Gemälden Natur- und Kulturlandschaftsphänomene aufgreift und den Zyklus des Lebens in allen Facetten widerspiegelt. So wird z. B. im Grunewald-Gemälde *Losswitzer Steinbrüche im Winter* der ständige Kampf der Kreaturen ums Überleben in der Natur am Beispiel eines schnürenden Fuchses vorgestellt, der in einer kalten Winternacht im verschneiten Steinbruch nach Nahrung sucht, während die Krähen auf einem toten Baum als Vanitas-Motiv sein letztendliches Schicksal andeuten. Die Darstellung versteht sich als metaphorischer Reflex des Lebenskampfs des Einzelnen in Natur und Gesellschaft. Diese tiefen metaphorischen, religiösen Darstellungselemente treten bei Douzette zurück. Als

Abb. 17
**Caspar David Friedrich: Spaziergang in der Abenddämmerung, um 1830/35**
Öl auf Lw., 33 x 45 cm
Privatbesitz

Abb. 18
**Johann Gustav Grunewald: Losswitzer Steinbrüche im Winter, um 1870/75**
Öl auf Lw., 45,7 x 61 cm
Schwedischer Privatbesitz

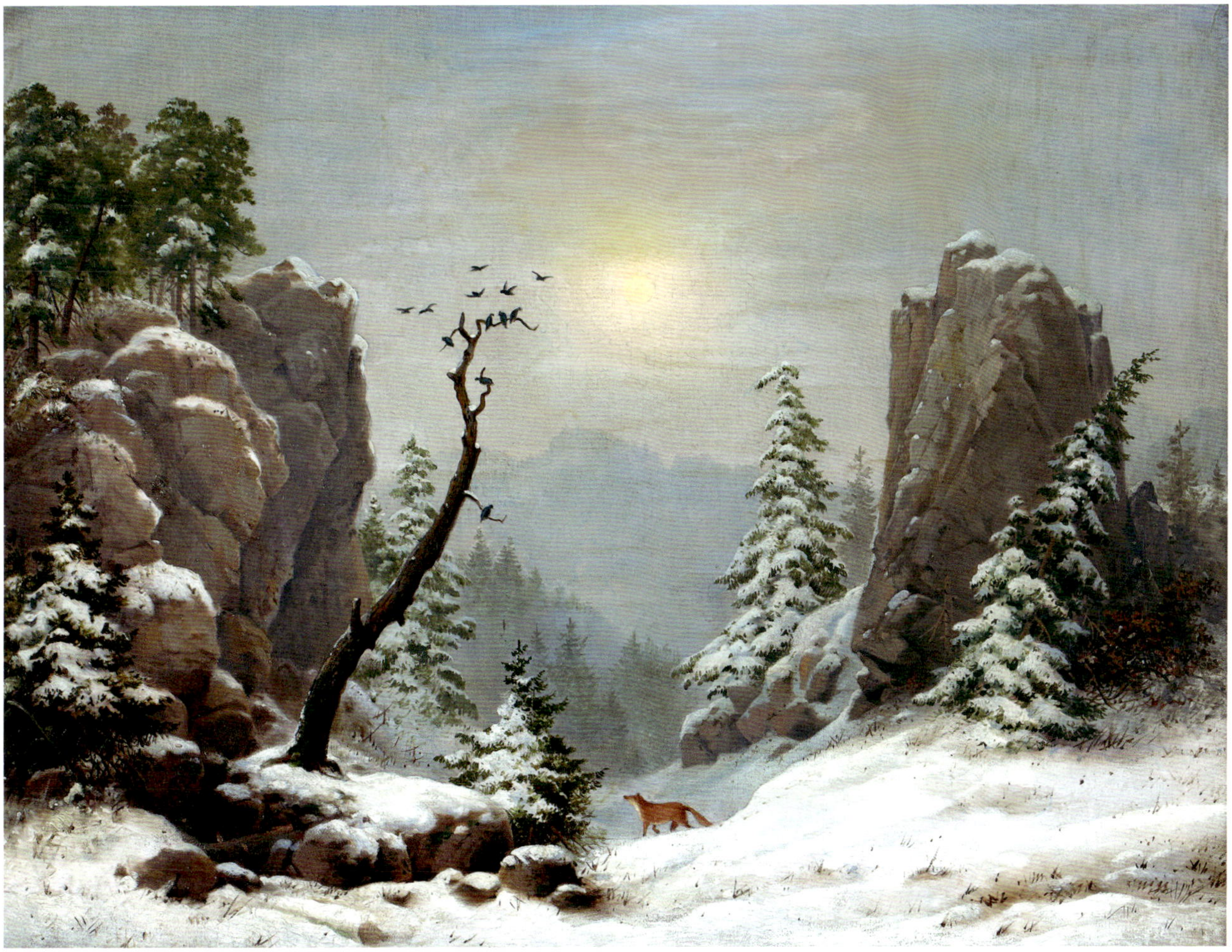

18

religiöser Künstler verklärt es seine Landschaft durch das Göttliche im Licht.
Der Greifswalder Friedrich-Zeitgenosse Johann F. Boeck (1811–1873) – ein Freund der Familie Friedrich – erkundet wie Douzette die vorpommersche Küste nach Motiven, insbesondere auf Rügen. Beide entdecken den Reiz der Dämmerung und der Nachtstunden sowie ein sehr ähnliches Sujet, den Blick über die Insel Kirr zur Barther Marienkirche von dem damals noch als Insel existierenden Zingst. Die beiden nächtlichen Darstellungen im Hafen des Zingst zählen zu den stimmungsvollsten und den frühesten Darstellungen dieser Orte (Abb. 19 und Abb. 20).

Die Themenfindung und Bildgestaltung des jungen Douzette kommen dem Friedrich-Umfeld hier sehr nah. Für Douzette besaßen die akkuraten Studien zur wirklichkeitsgetreuen Darstellung realistischer Sachverhalte, vor allen Dingen in der Wiedergabe von Details, große Bedeutung. Gern fügte er – genau wie C. D. Friedrich – präzise erarbeitete Staffagen in große Bildkompositionen ein, wie etwa das Sujet der im seichten Wasser stehenden Fischer, die ein Boot dirigieren (Abb. 20). Beide Figuren finden die Besucher nicht nur in dem benannten großformatigen Gemälde *Segelschiffe am Abend (Am Zingster Hafen),* (Abb. 20) mit der besagten Situation am Zingster Bollwerk, von wo aus sich der Blick über den Kirr zur Silhouette Barths mit den markanten Umrissen von Dammtor und Kirche erkennen lässt, sondern ebenso in verschiedenen anderen Bildkompositionen. Als weiteres Beispiel sei hier die für Douzette spezifischen *Mondscheinlandschaft mit zwei Fischern am Seeufer* (Abb. 22) erwähnt.

Offensichtlich waren diese Figurenstudien in Berlin am Strand der Spree entstanden, denn im Nachlass findet sich eine Skizze mit beiden Personen vor

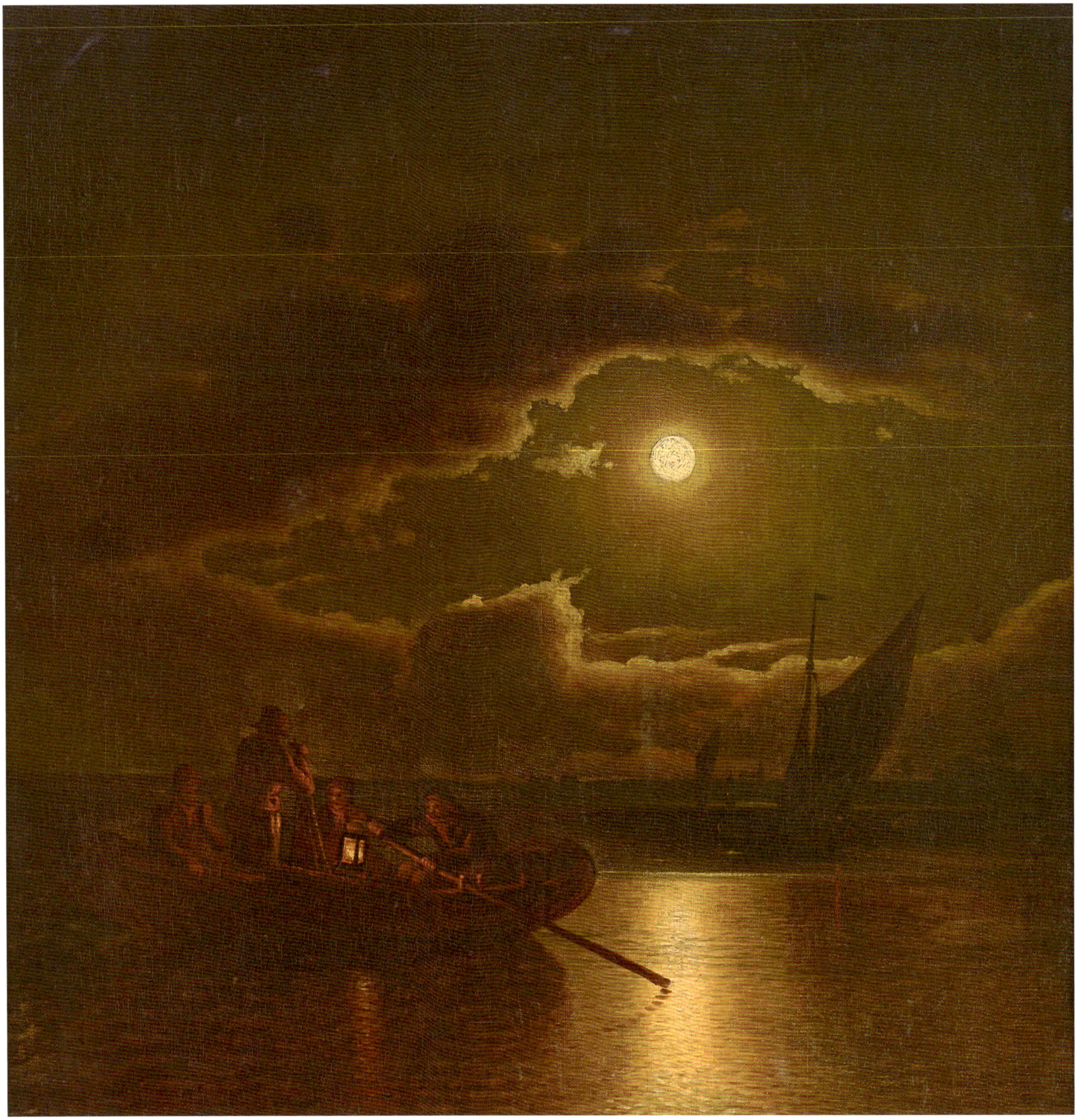

19

Abb. 19
**Johann Friedrich Boeck: Mondscheinnacht an der Ostsee (Blick vom Zingster Hafen auf Barth)**
Öl auf Lw., 61 x 60,5 cm
Privatbesitz

dem entstehenden Berliner Roten Rathaus (Abb. 21), das zwischen 1861 und 1871 errichtet wurde und uns so eine Datierungshilfe liefert. In diesem Verfahren finden wir eine Parallele zu Caspar David Friedrichs Schaffensprinzip, der in ähnlicher Weise immer wieder seine präzisen Beobachtungen in seine gedankenreich komponierten Gemälde überführte.

Für die Malkunst Douzettes wird nicht die tiefgreifend forschende Bildmetapher der romantischen Landschaftsmalerei kennzeichnend, sondern mehr die Naturgegebenheiten unter einem weiten Himmel mit tiefer Horizontlinie und großartigen Lichtphänomenen, wie er sie im Norden beobachten konnte (Abb. 22. 23, 24). Spezialist wird er für das Erfassen des sparsamen Nachtlichts. Dabei geben das kühle indirekte Licht des Mondes zusammen mit dessen Reflexionen in Wasserflächen und zusätzlich wärmenden, meist anthropogen erschaffenen Lichtquellen, die typische Licht-Trinität in Douzettes Werken (Abb. 1, 12, 13, 24, 37, 61, 62, 65, 68 und 71).

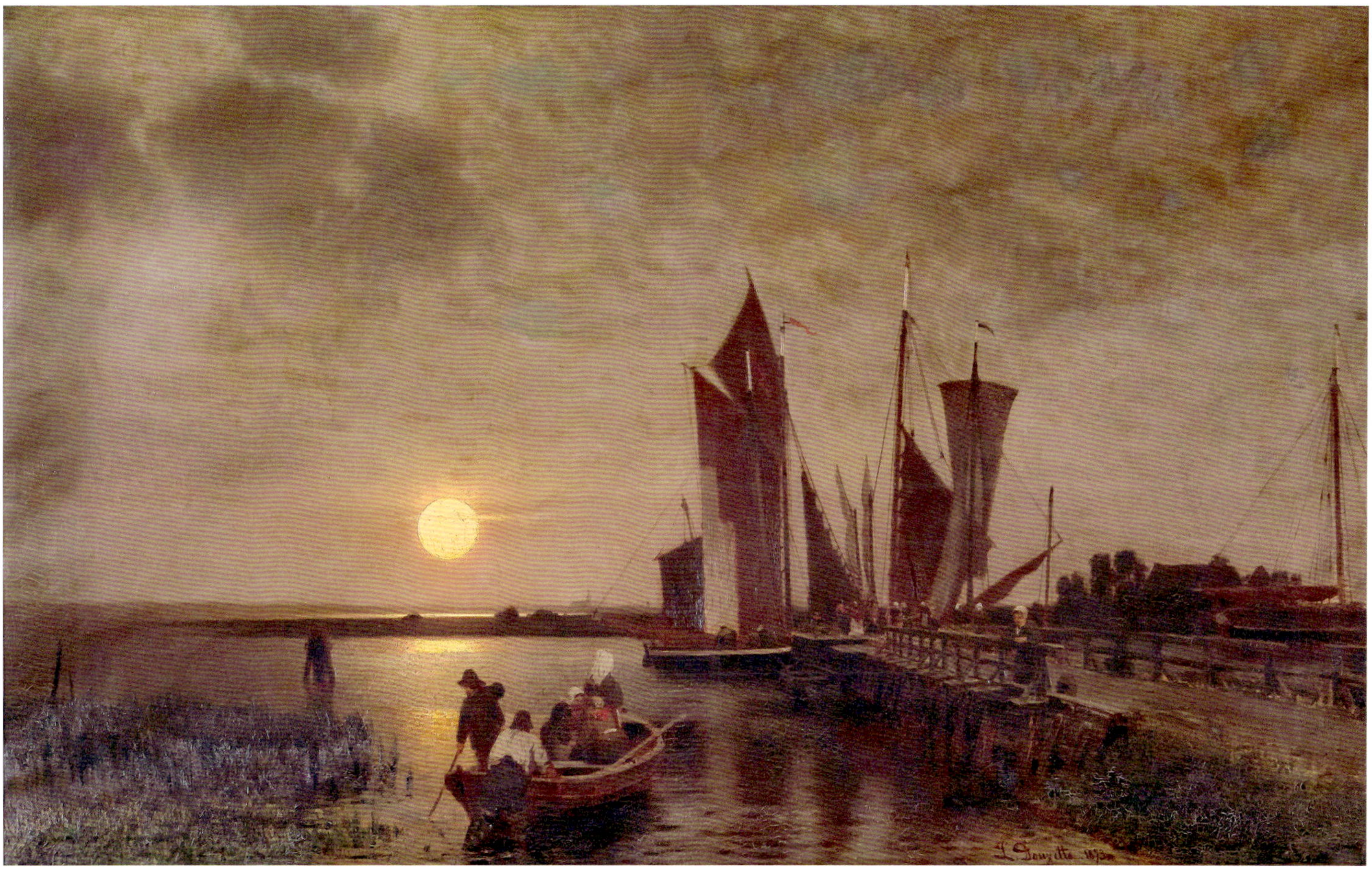

20

Abb. 20
**Louis Douztte: Segelschiffe am Abend (Blick vom Zingster Hafen auf die Barther Marienkirche), 1873**
Öl auf Lw., 37,8 x 57,2 cm
Stadtmuseum Bautzen, Inv. Nr. L 2422

21

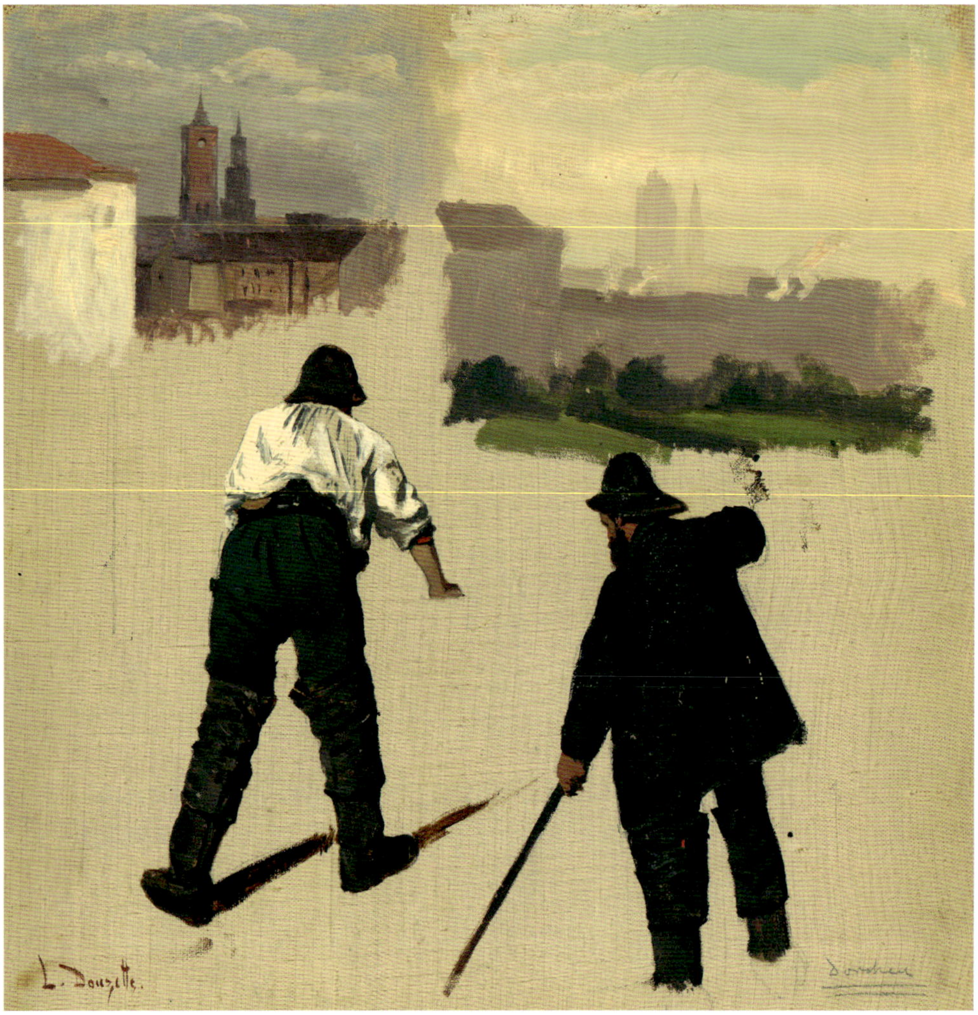

Abb. 21

**Louis Douzette: Personenstudien: Zwei Fischer von hinten, darüber zwei Stadtstudien aus Berlin mit Turm des Roten Rathauses (1869 fertiggestellt) und Turm der Marienkirche**

Öl auf Lw., 36,5 x 36,5 cm, sign. u. l.
Vineta-Museum Barth, Inv.-Nr.: VMB-523

Abb. 22

**Louis Douzette: Mondscheinlandschaft mit zwei Fischern am Seeufer**

Öl auf Lw., 80 x 97 cm, sign. u. r.
Privatbesitz

Abb. 23

**Louis Douzette: Müggelbude am Müggelsee (Berlin), 1864**

Öl auf Lw., 61 x 50 cm, sign. u. dat.
Vineta-Museum Barth, Inv.-Nr.: VMB-591

Abb. 24

**Louis Douzette: Ostseehafen im Mondschein,1867**

Öl/Lw., 49 x 42 cm, sign. u. Dat. u. l.
Privatbesitz

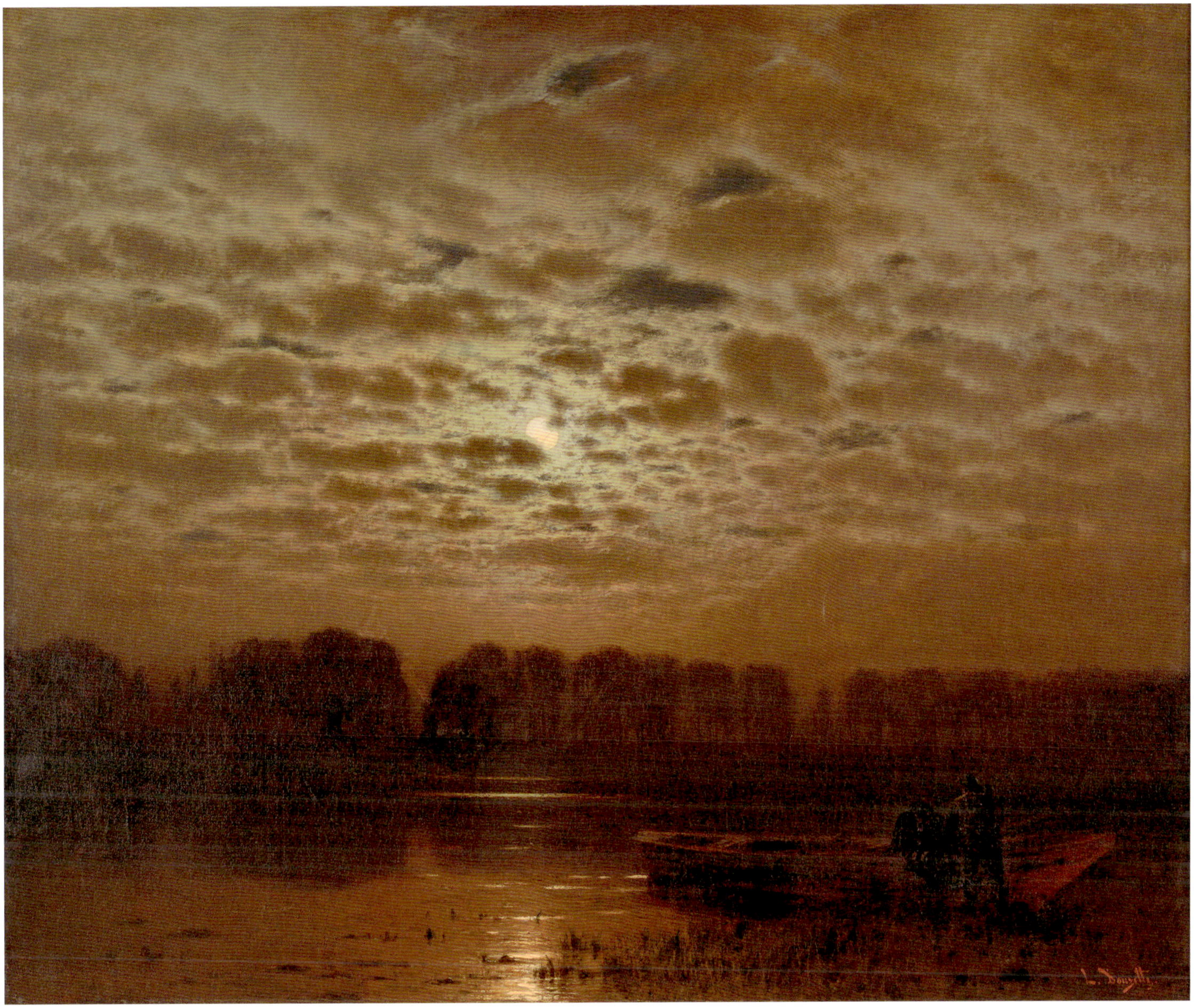

22

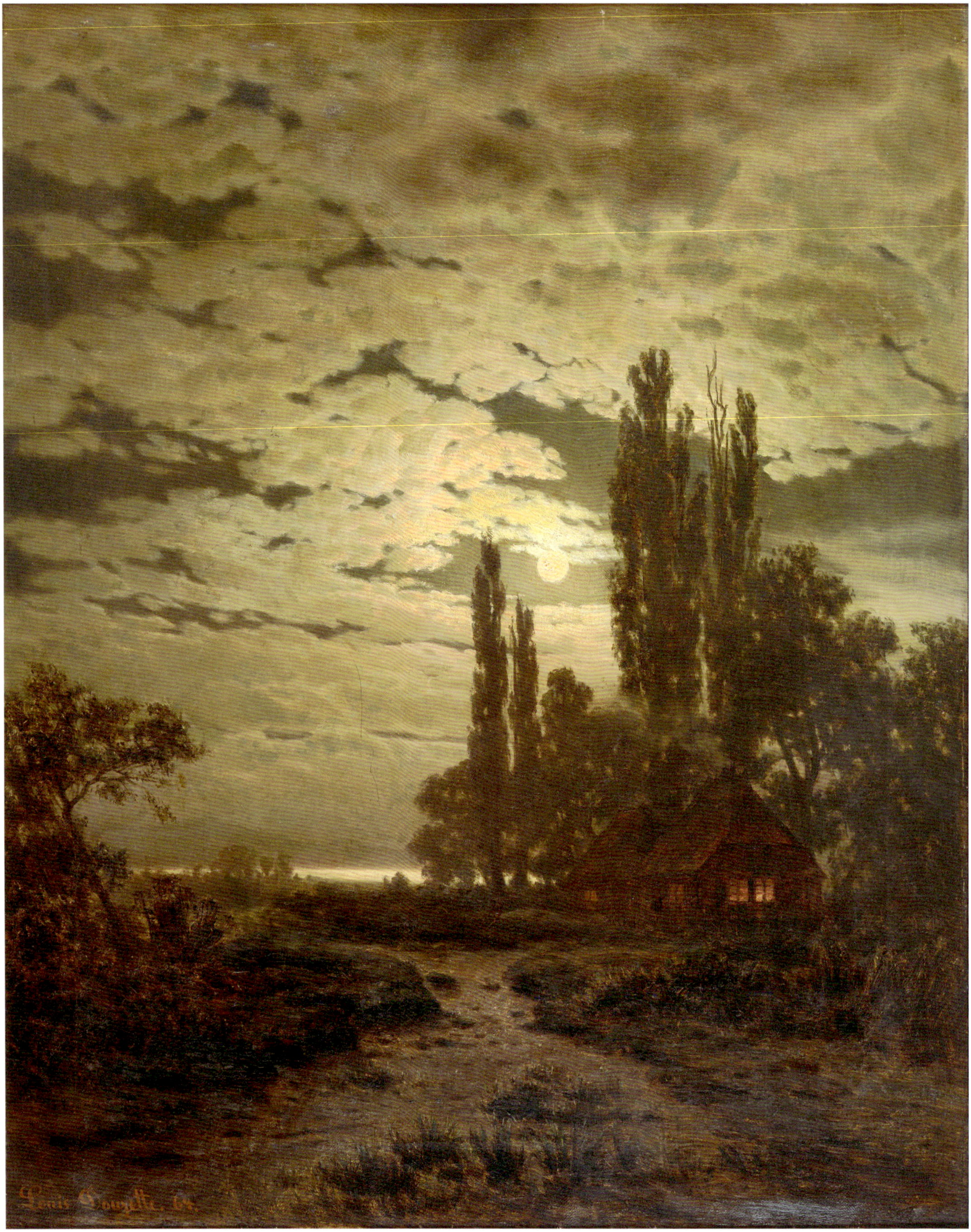


23

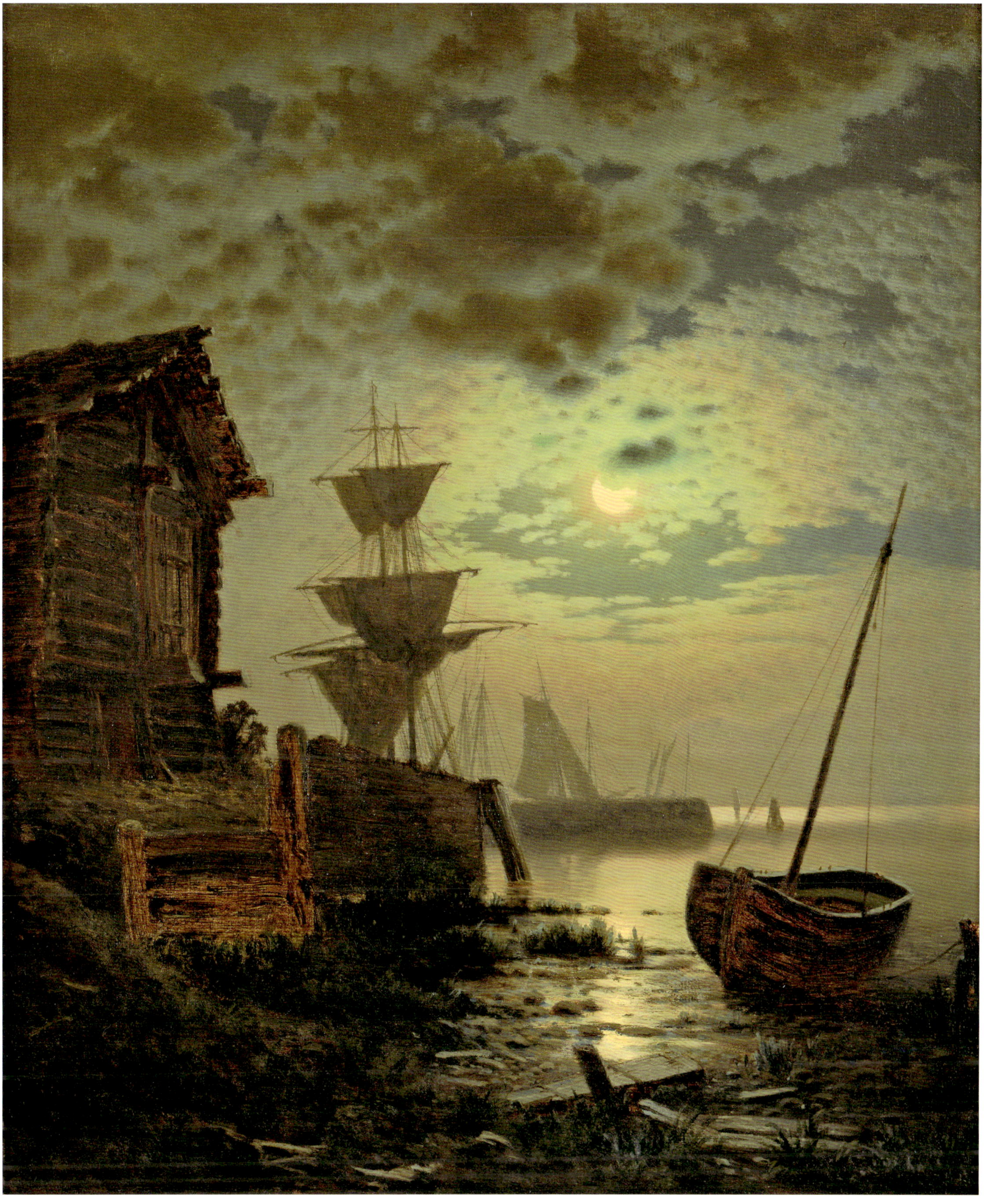

24

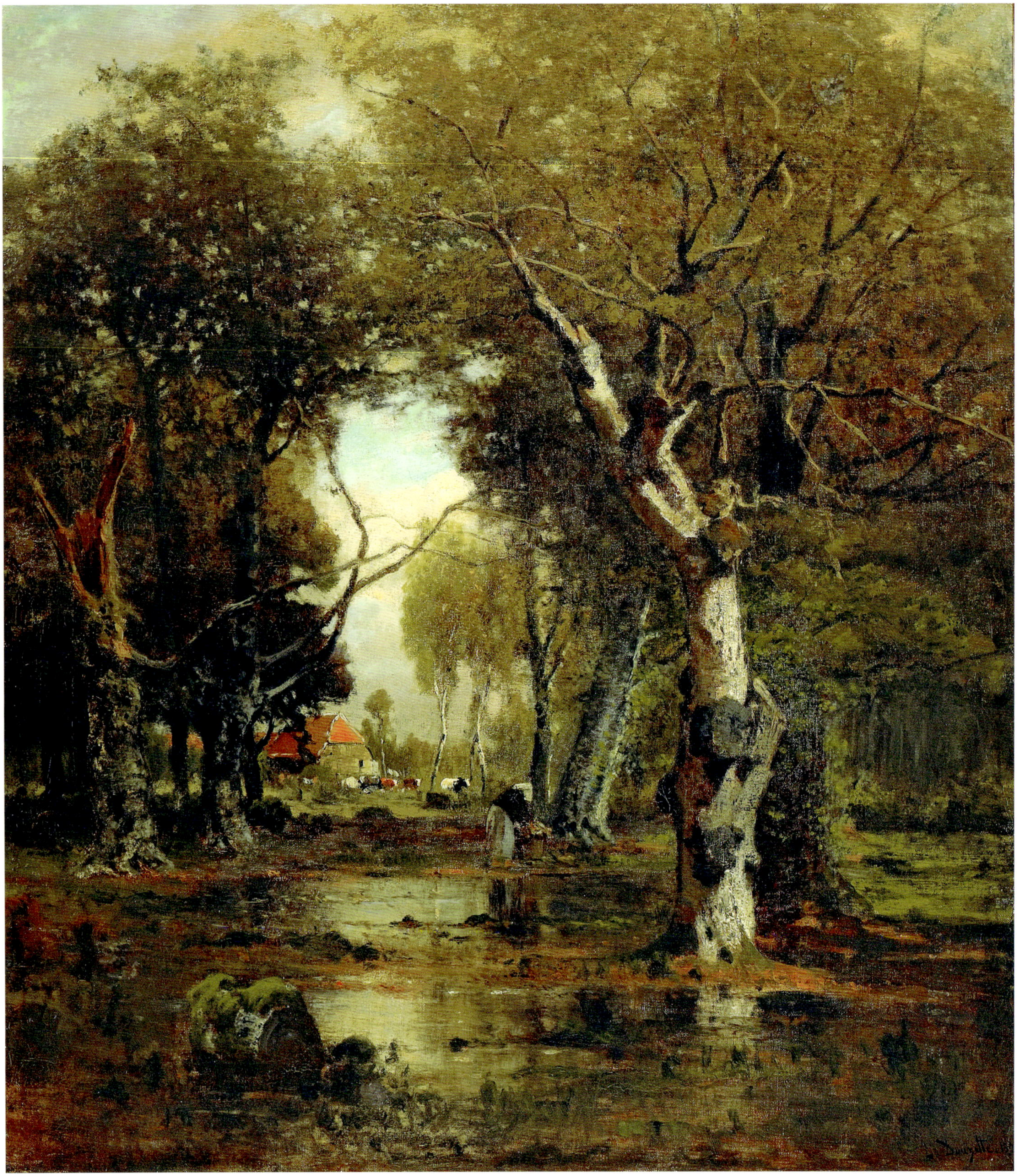

# Die künstlerische Entdeckung der Darß-Landschaft

Nach den großartigen Eindrücken der pommerschen Landschaft, die Louis Douzette 1864 auf der gemeinsamen Studienreise mit seinem Lehrer Eschke gewonnen hatte, zog es ihn immer wieder zurück zu den Wurzeln seiner Herkunft. Wurden in den 1870er Jahren zunächst Swinemünde und Zingst bedeutsame Ziele seiner malerischen Entdeckungen, so zog es ihn spätestens seit 1878, als er in Paris die Begegnung mit den Meistern der Schule von Barbizon gemacht hatte, zu den Buchen-, Eichen- und Kiefernwäldern auf den Darß, die nun zu seinem »heimatlichen Barbizon« wurden.

Besonderer Sehnsuchtsort war Prerow auf dem Darß, den er nach dem ersten Aquarell von 1859 immer wieder aufsuchte. Im Rückblick berichtete er ausführlich über seine Eindrücke vom alten Prerow, das er neben maritimen Szenen zum neuen Sujet erhob:

»*Der schöne Buchenwald, eigentlich nur für Maleraugen gewachsen, welche dort schwelgen können, wenn die Sonne ihre Gold- und Silberlichter auf die grauen knorrig bemoosten Stämme und auf das braune Terrain durch das hellgrüne Blätterdach sendet. Und weiter zum Strande der knorrig gewachsene Kiefernwald, durch die Dünen sich hinziehend mit Ausblicken auf die See. Ein weiterer Ausflug zum Leuchtturm und zum Weststrande bietet wieder ein ganz eigenartiges Bild in Terrain und Waldformation.*«

Zwischen 1880 und 1895 verbringt Douzette viele Sommeraufenthalte gemeinsam mit seiner Familie in Prerow. Oft leben sie im Haus der Familie Döring. Der Maler Adolf Gustav Döring wird 1896 sein Schwiegersohn. Auf der Kunstausstellung der Akademie der Künste in Berlin zeigt Douzette die Gemälde *Alt-Prerow auf dem Darß* und *Mondnacht auf dem Prerow-Strom.*

Ersteres wurde von der Nationalgalerie angekauft, ging aber im zweiten Weltkrieg verloren. Überkommen ist zumindest eine Photogravure des Bildes (Abb. 31). Für das Gemälde *Mittagssonne im Buchenwald von Prerow* (Abb. 25) erhielt Douzette große Anerkennung, was ihn veranlasste, das Thema weiterhin zu verfolgen (Abb. 26). Auf der Jubiläumsausstellung von 1886 »100 Jahre Berliner Akademieausstellungen« erhielt er für die *Mittagssonne im Buchenwald* die Große Goldene Medaille für Kunst. Sein Schwiegersohn, der Künstler A.G. Döring, fertigte 1890 davon eine Radierung an.

Seit dieser Zeit wurde Douzette zum künstlerischen Entdecker des Zingst und des Darß in ihrer damals noch fast unberührt gebliebenen Natürlichkeit (Abb. 27, 28). Nach dem ersten für den Darß bezeugten Aquarell von Douzette im Jahr 1859, entstand in den folgenden Jahrzehnten ein Konvolut an Zeichnungen und grafischen Skizzen, die einerseits die Studien für seine Gemälde bildeten und anderseits uns heute

26

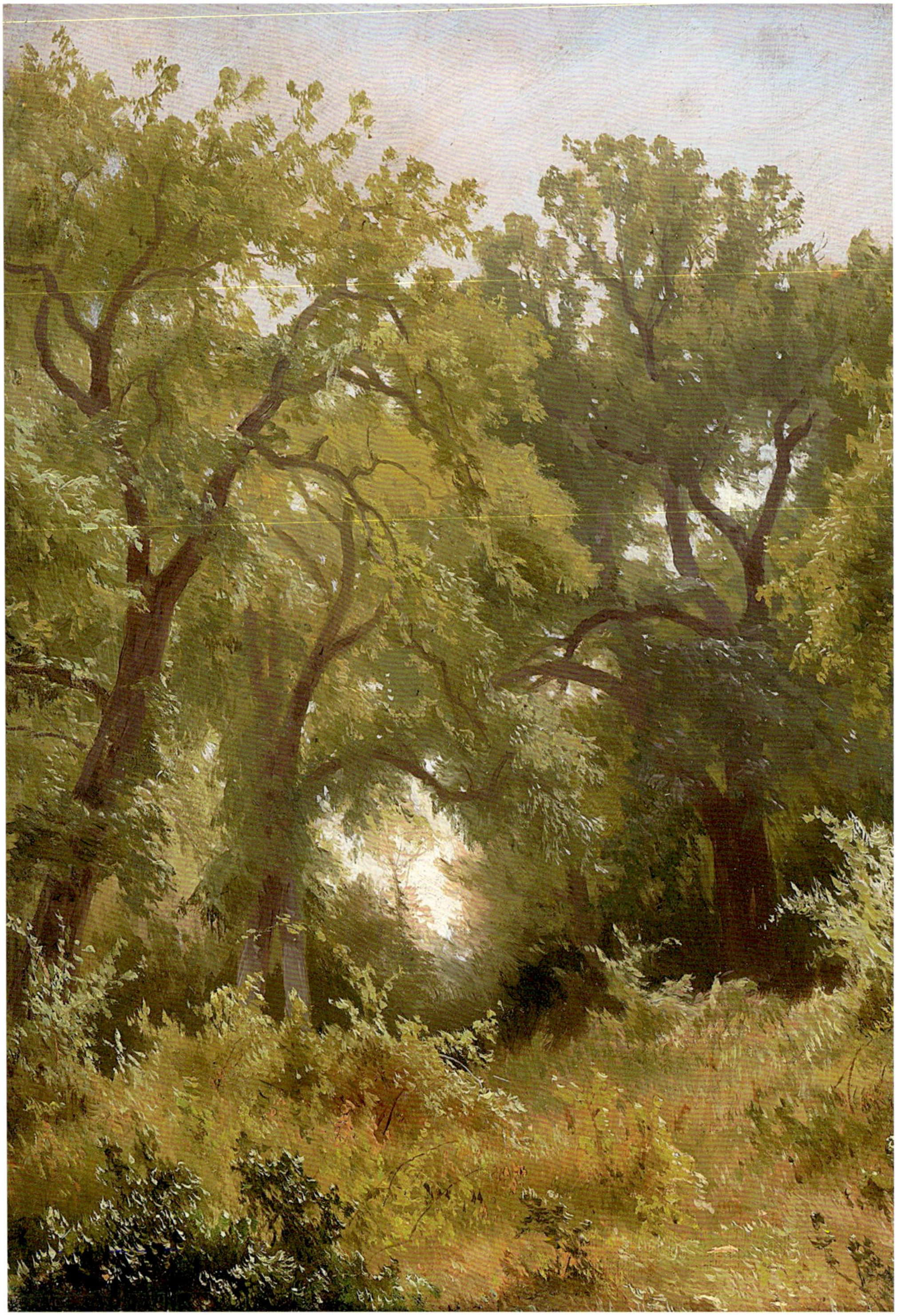

Abb. 25
**Louis Douzette: Mittagssonne im Buchenwald von Prerow**
Öl auf Lw., 78 x 70 cm, sign. u. r.
Privatbesitz

Abb. 26
**Louis Douzette: Waldlandschaft (Lichtung im Prerower Wald)**
Öl/Holz, 36,3 x 25,6 cm, Sign. u, l. (in Schwarz): «L. Douzette«
Privatbesitz

Abb. 27
**Louis Douzette: Dorfstraße in Prerow nach dem Regen, 1897**
Aquarell auf Papier, 32 x 46 cm, sign. u. dat. u. r.
Privatbesitz

Abb. 28
**Louis Douzette: Abend am Bodden**
Öl auf Lw., 24 x 38,5 cm , sign. u. l.;
Privatbesitz

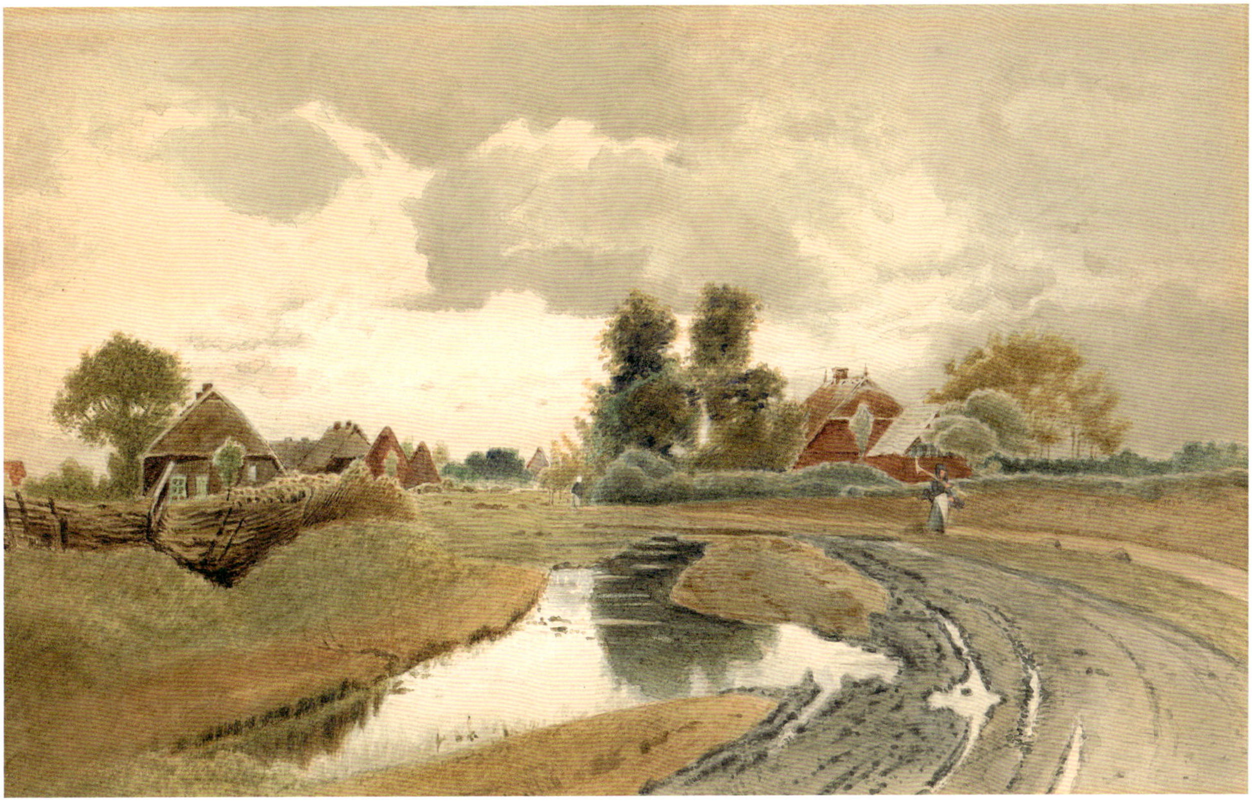

27

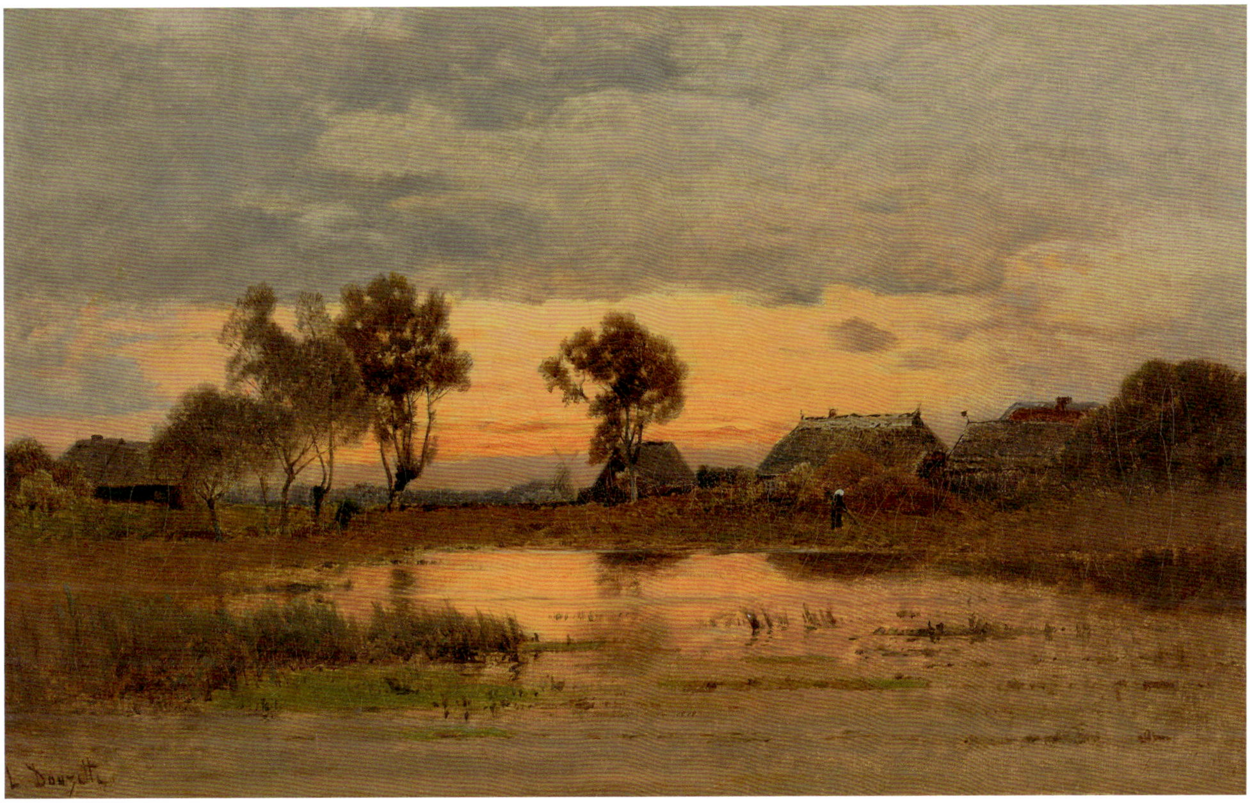

28

29

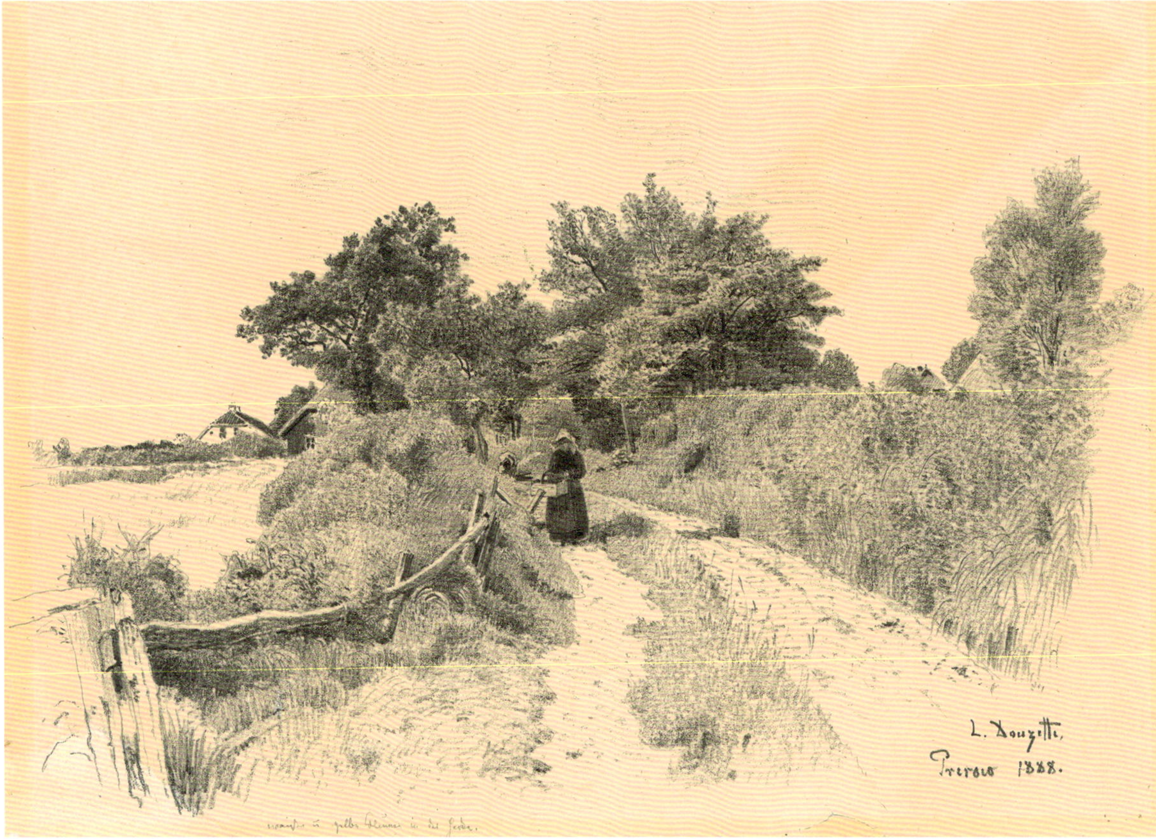


30

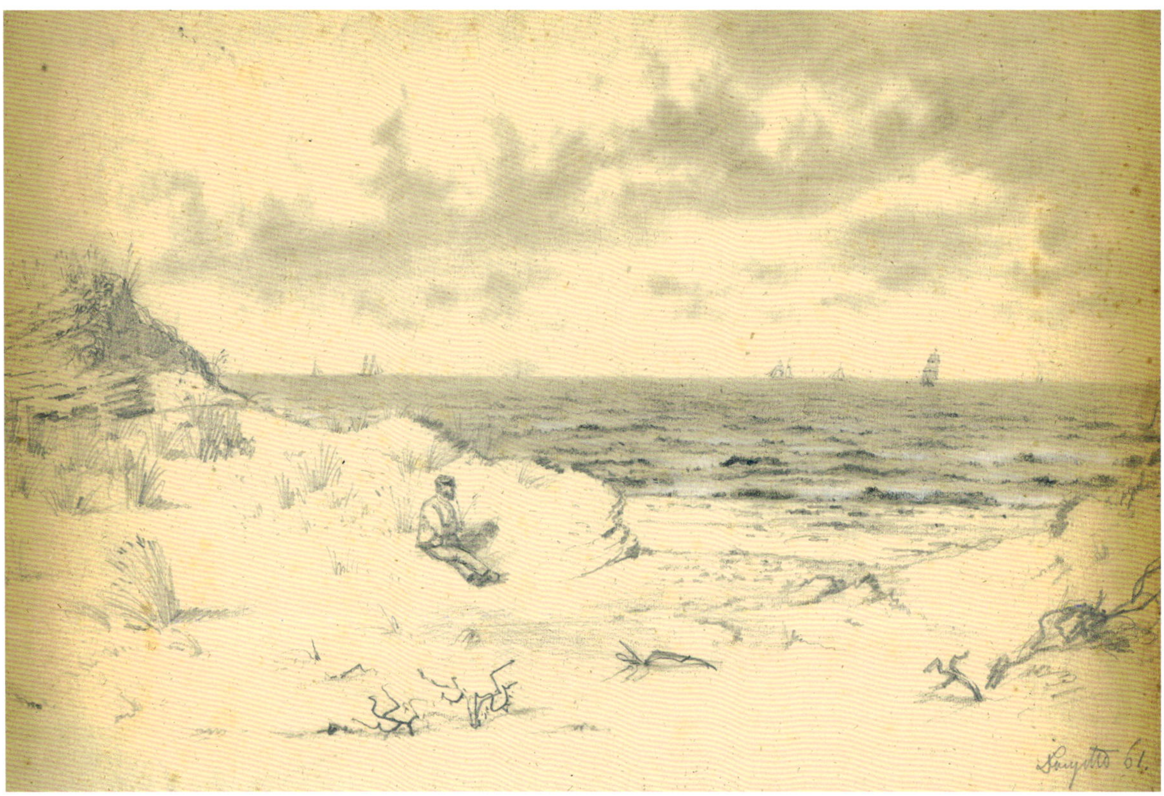


Abb. 29
**Louis Douzette: Die Buchenstraße in Prerow, 1888**
Bleistift auf Papier, Maße, sign. u. dat. u. r.
Privatbesitz

Abb. 30
**Louis Douzette: Mann in Dünen vor der See mit Segelschiffen, 1861**
Bleistift auf Papier, Wellen weiß gehöht, 41,4 x 27,0 cm,
sign. u. dat. u. r.
Vineta-Museum Barth, Inv.-Nr.: VMB-514

31

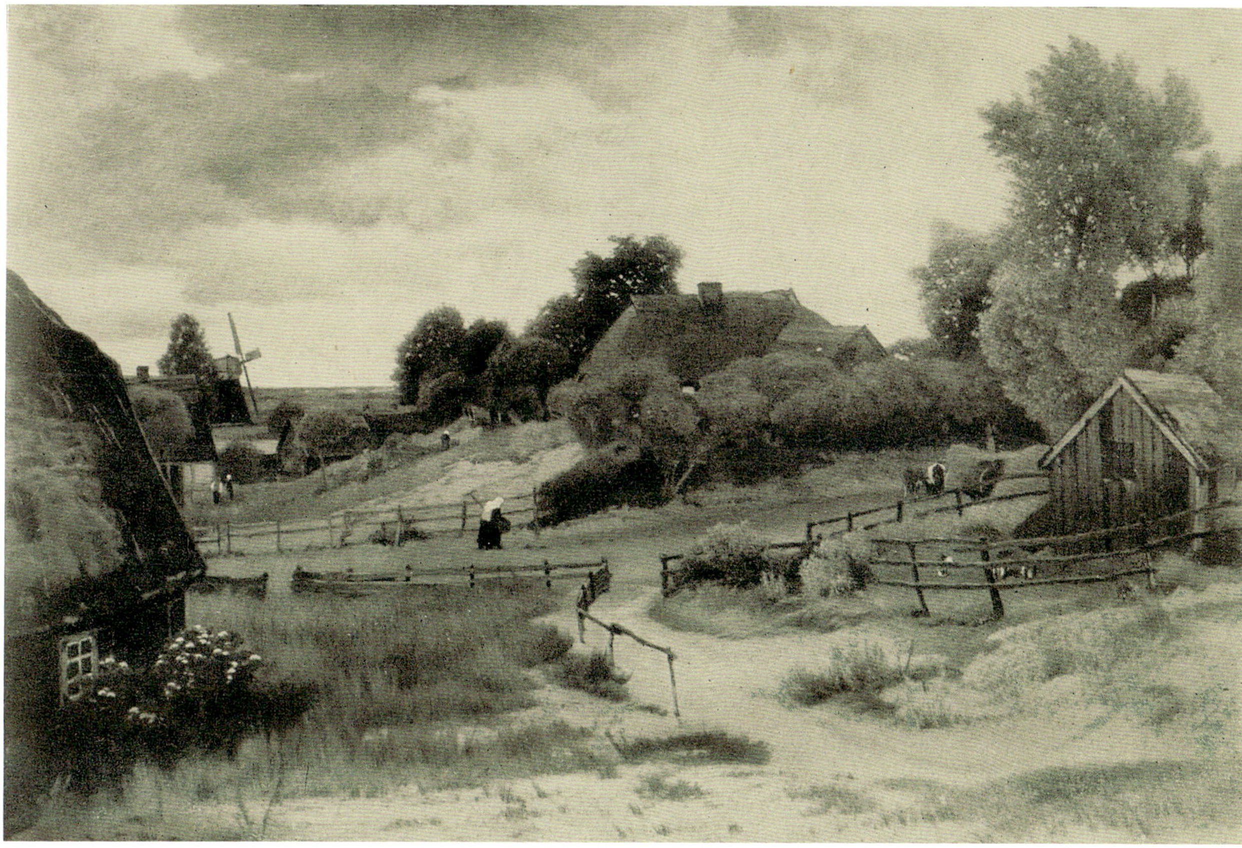

32

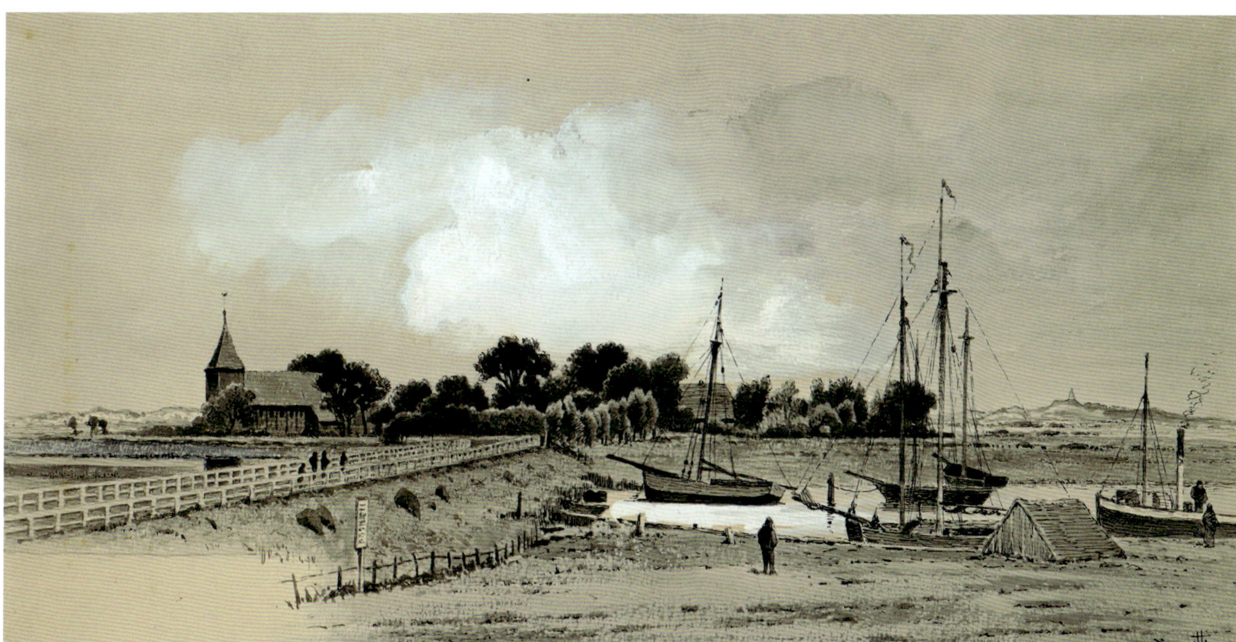


Abb. 31
**Louis Douzette: Alt-Prerow auf dem Darß**
Photogravure, 13 x 19 cm
Vineta Museum, Inv.-Nr. VMB-1980

Abb. 32
**Louis Douzette: Küstenlandschaft**
**(Prerow: Kirche mit Blick über den Prerow-Strom)**
Feder, graue Tusche, weißgehöht / Papier, sign. u. r.
Greifswald, PLM, Inv.-Nr.: Gr 31/80

Belege für den Wandel der Landschaftsentwicklung liefern (Abb. 29, 30, 32). Ab 1882 folgten ihm viele andere Maler, die sich jährlich hier in der Sommerfrische als Ahrenshooper Künstlerkolonie zu etablieren begannen.

Mit der endgültigen Übersiedlung 1895 von Berlin nach Barth wollte Douzette seiner geliebten heimischen Boddenlandschaft dauerhaft nahe sein, um sie in ihren unterschiedlichsten Facetten des permanent sich verändernden Lichtspiels ästhetisch noch intensiver ergründen zu können. Zunehmend stellte er die spezifischen Stimmungen in den Vordergrund, die im Wechsel der Jahres- und Tageszeiten über Meer und Bodden lagen (Abb. 33). Sein Schaffen verlagerte sich mehr auf die innere Schönheit, die er in der Natur der heimischen Meeres- und Küstenlandschaft sah. Mit diesen Landschaftselementen verband ihn eine große Liebe. Als schönes Beispiel dieser Themengruppe gilt das Bild *Waldlandschaft*, das er an einem hellen Sommertag malte, als das nahezu grelle Sonnenlicht rieselnd durch die Blätter der Bäume flutete und eine Lichtung im Prerower Wald in hochsommerliche, »goldene« Stimmung versetzte (Abb. 26).

Immer wieder wusste Douzette an der Barthe (Abb. 33), am Prerow-Strom (Abb. 36) auf dem Darß (Abb. 39), auf dem Zingst (Abb. 38), den einzigartigen, unverwechselbaren Liebreiz der vielgestaltigen Küsten Vorpommerns und der Boddenlandschaft zu beobachten (Abb. 34, 35). Dabei galt seine besondere Aufmerksamkeit nicht der topographischen Gestalt eines bestimmten Ortes im Sinne einer Vedute – sie galt dem *Wesen*, dem *Charakter* dieser Landschaft in der Wechselwirkung von Licht, Luft, Wellen, Erde, Menschen, Vegetation und den Zeugnissen der Architektur. All diese Motivgruppen besaßen für ihn einen hohen Identifikationswert (Abb. 34, 36, 38). Herausragend sind die unverwechselbaren Silhouetten mit ihren auffallenden Kirchen von Barth oder Stralsund, die von Boddengewässer und Himmel gerahmt werden (Abb. 37).

33

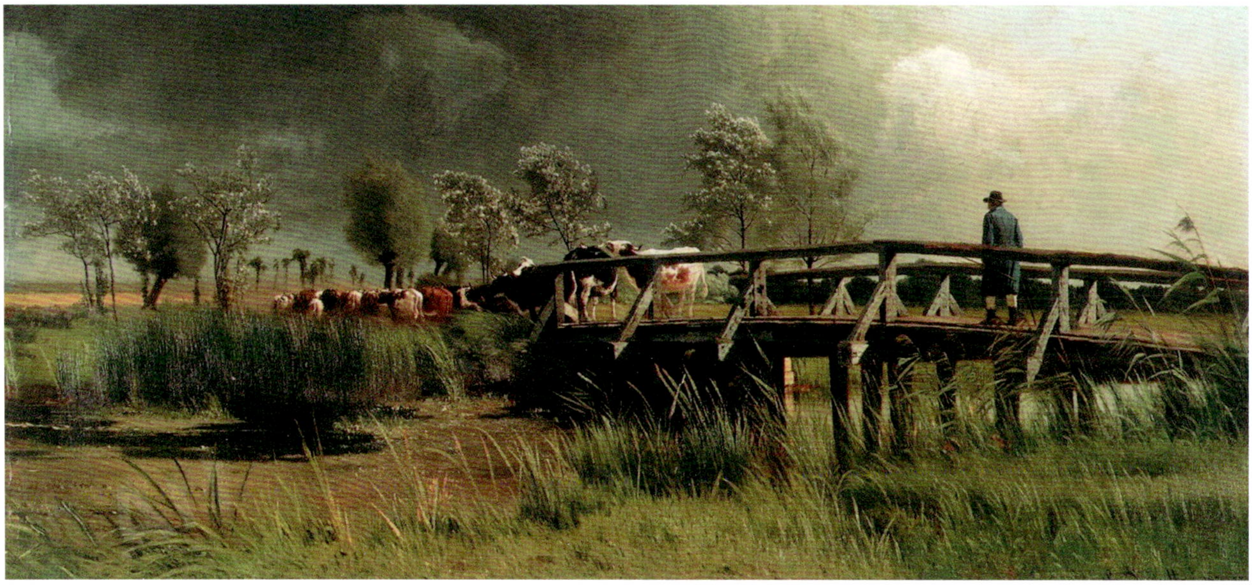

Abb. 33
**Louis Douzette: Heimtrieb der Kuhherde (Barth, 1872)**
Öl auf Lw., 90 x 194 cm, sign. u. r.
Privatbesitz

Abb. 34
**Louis Douzette: Gehöft mit Wäscheleine, 1888**
Öl auf Lw.,, 39 x 43 cm, sign. u. l.
Privatbesitz

Abb. 35
**Louis Douzette: Heuhocken (Birne und Apfel)**
Öl auf Lw., auf Karton aufgezogen, 20 x 45cm, sign. u. l.
Privatbesitz

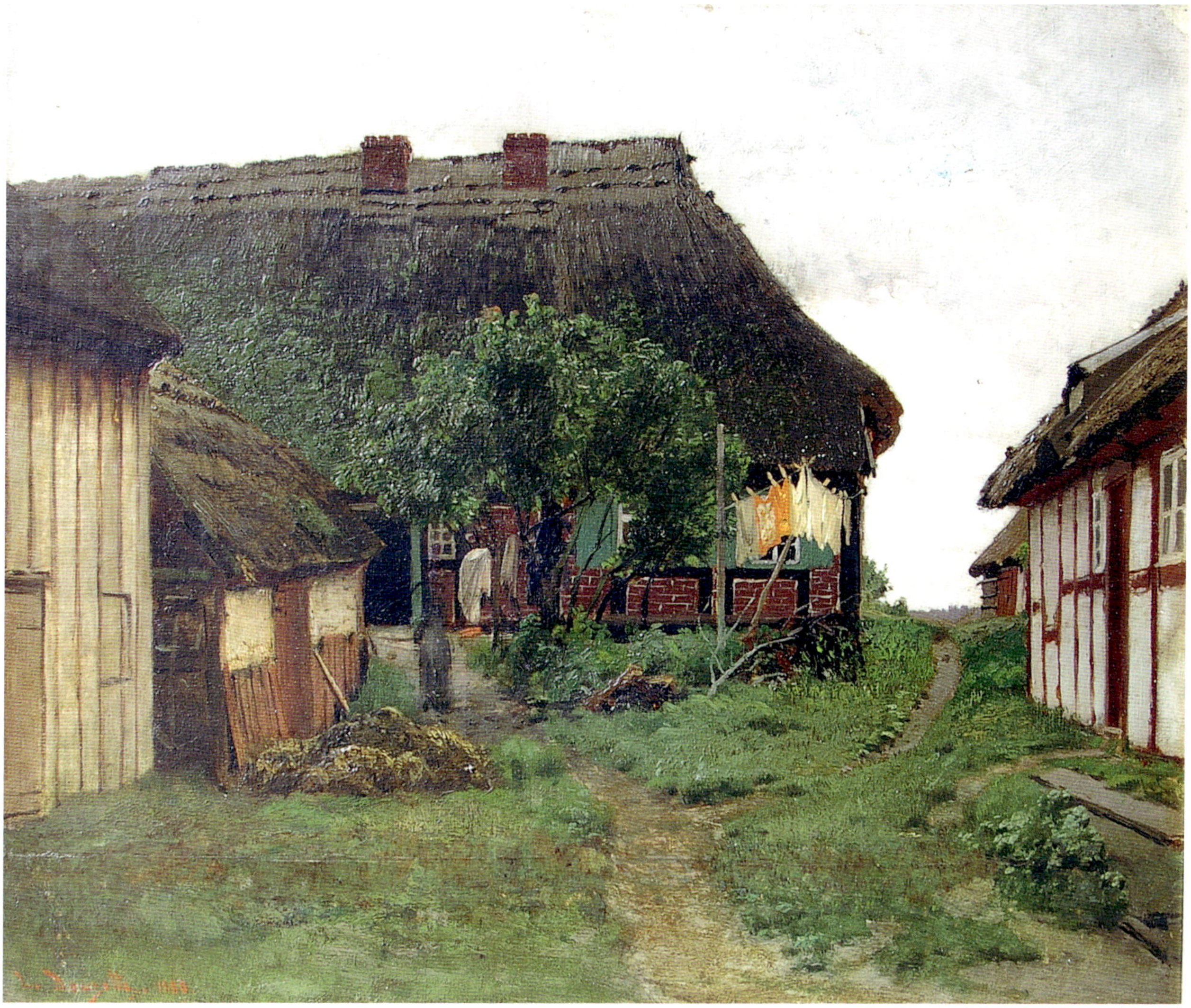

34

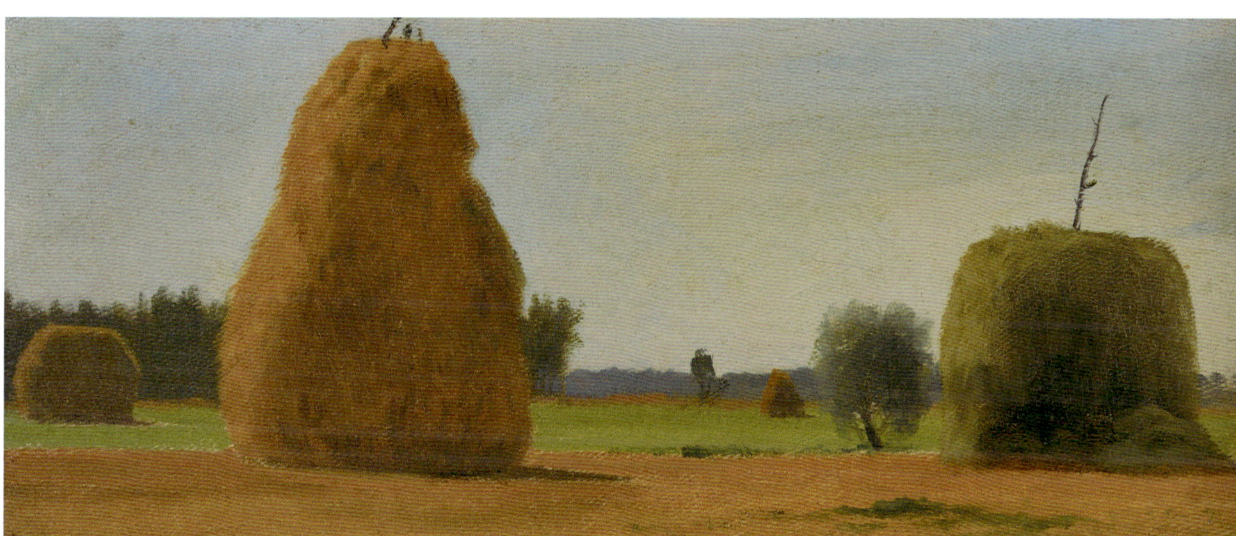

35

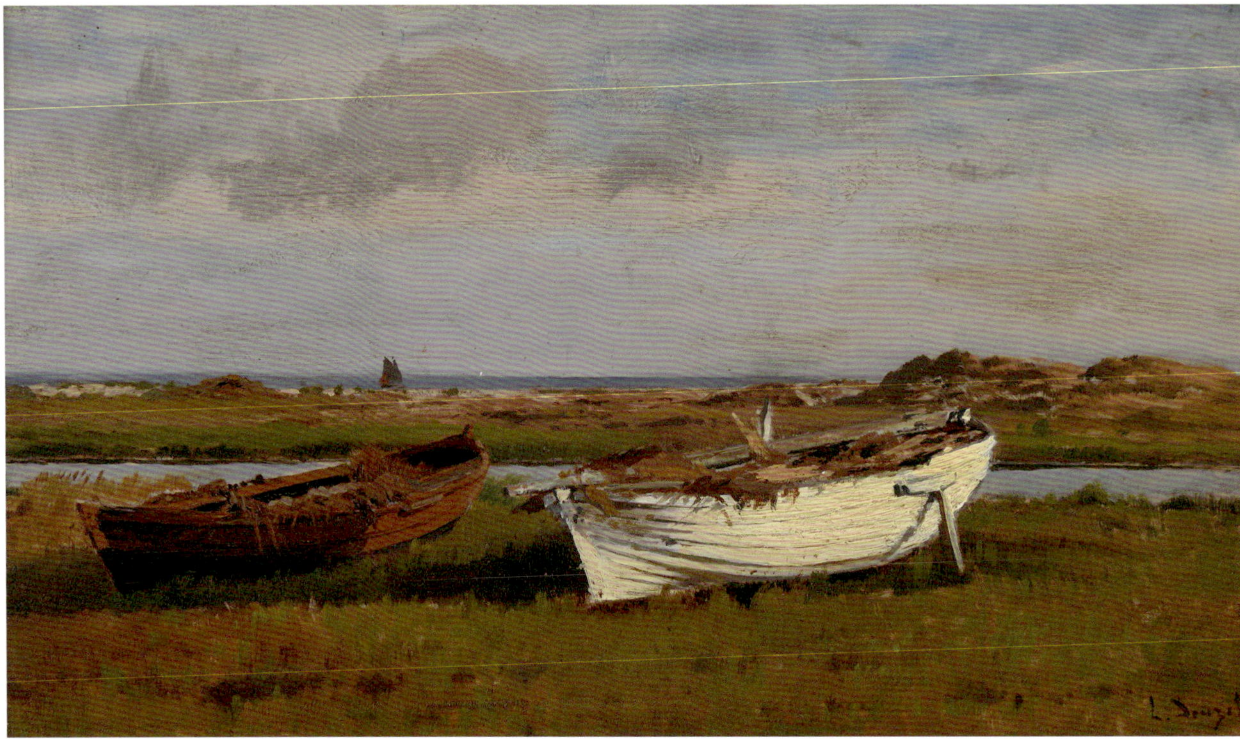

36

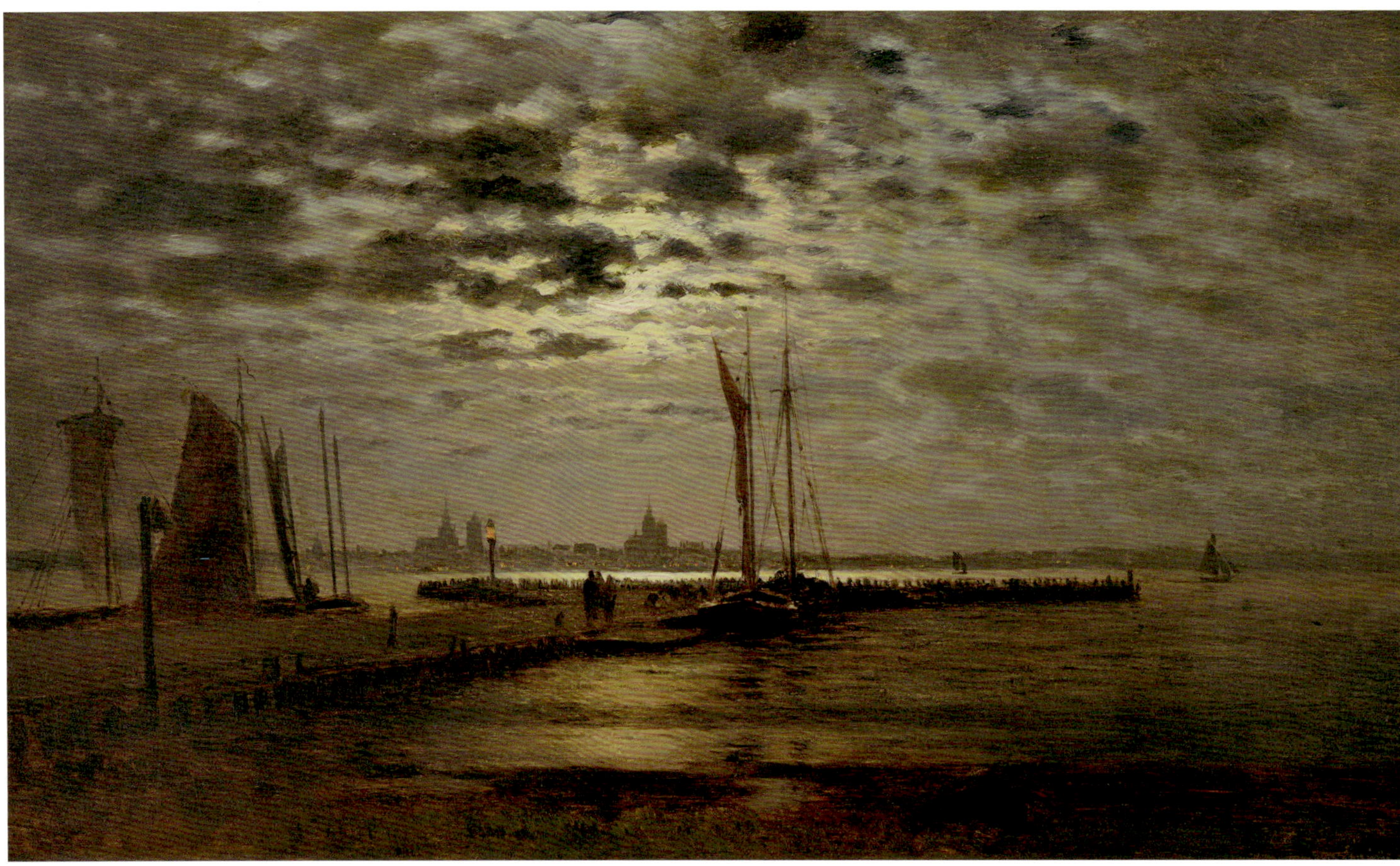

37

Abb. 36

**Louis Douzette: Boote am Prerowstrom**

Öl auf Holz, 49 x 34 cm
Privatbesitz

Abb. 37

**Louis Douzette: Mondlicht über Stralsund, 1891**

Öl auf Holz, 36 x 60 cm, sign. u. r.
Privatbesitz

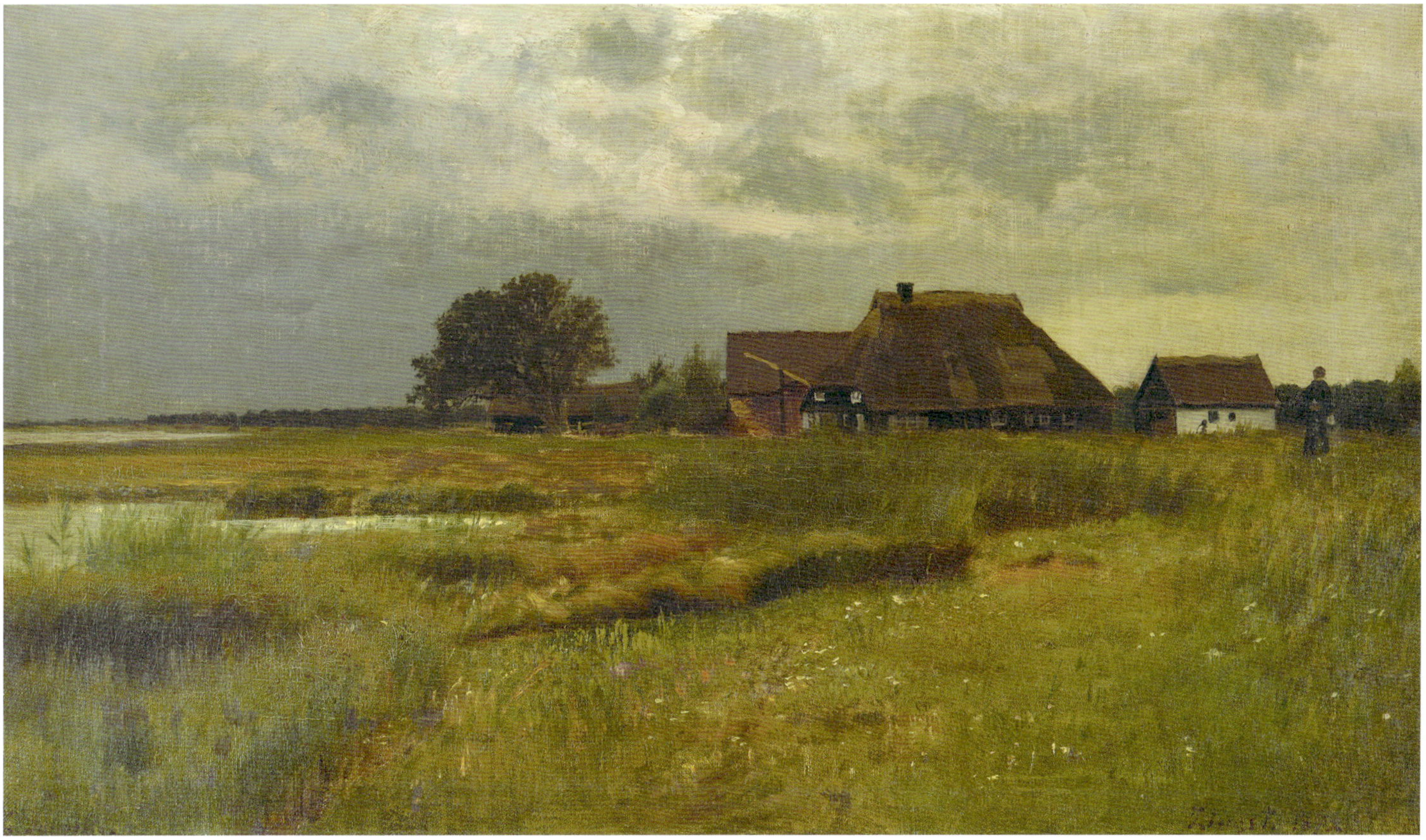

38

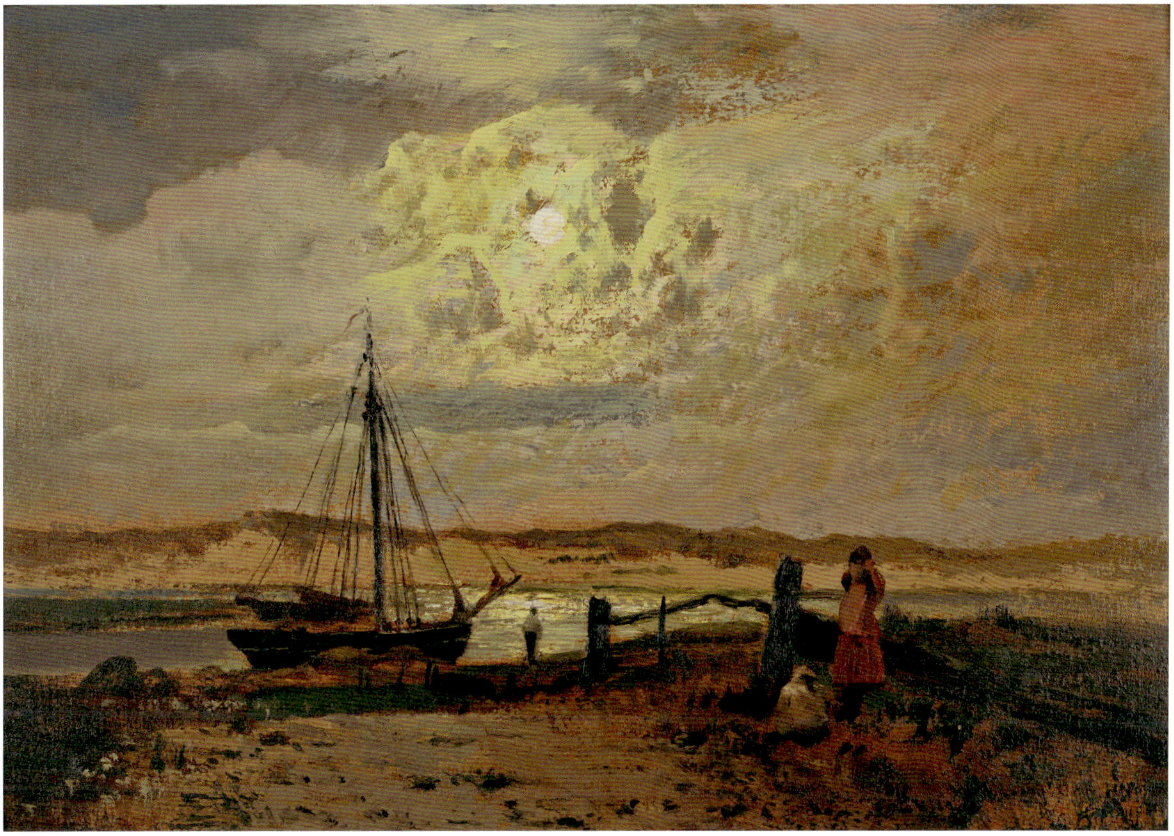

39

Abb. 38
**Louis Douzette: Zingst 1872**
Öl auf Lw., 80 x 51 cm, sign. u. dat.
Privatbesitz

Abb. 39
**Louis Douzette: Segelboot im Mondschein (Prerow)**
Öl auf Lw., 30 x 45 cm, sign. u. r.
Privatbesitz

# Die maritime Malerei als Brücke zwischen Romantik und Louis Douzette

Louis Douzette kam 1863/64 als Atelierschüler der privaten Malschule des Berliner Landschafts- und Marinemalers Hermann Eschke (1823–1900) mit zwei Freunden und Kollegen seines Lehrers – mit Wilhelm Krause (1803–1864) und Eduard Hildebrandt (1818–1868) – in Berührung. Ihnen war das Reisen zum Studium künstlerisch noch kaum entdeckter Weltgegenden wesentliche Voraussetzung ihres Schaffens, weshalb sie berühmte »Reisemaler« wurden, die ihre Sujets bevorzugt in fernen Ländern suchten, um ihr Publikum mit Bildern von dort zu überraschen. Für diese drei Künstler bildete die Reise zur pommerschen Ostseeküste – in erster Linie nach Rügen und zur Insel Vilm – den Ausgangspunkt ihrer Karriere. So ist es nicht erstaunlich, wenn sich Douzette –neben seinen Ausflügen in die Umgebung Berlins – an diesen beruflichen Vorbildern orientierte: Gleich bei seiner ersten Studienreise 1864 begab er sich auf deren Spuren, um sich wie sie, von den abwechslungsreichen Ufern der Ostseeküste und von der maritimen Atmosphäre Rügens, des Vilm und Hiddensees inspirieren zu lassen.

Die dort gemachten zahlreichen Studien hinterließen bereits beeindruckende Ergebnisse in seinem frühen Œuvre, wie etwa das Freilichtgemälde *Rügenküste vor Mönchgut (Am Nonnenloch)*, das in Folge dieser Reise im Jahr 1867 entstand (Abb. 41).



Während seiner Lehrzeit in Berlin orientierte sich Louis Douzette gerade an diesen Vorbildern Eschke, Krause und Hildebrandt, die in gewisser Weise eine Brücke zu Caspar David Friedrichs romantischer Landschaftskunst schlugen. Für Friedrich, den aus Greifswald stammenden großen Meister der deutschen Frühromantik, gehörte das Erlebnis der Segler und Kutter im heimischen Hafen sowie der Blick hinaus aufs Meer seit frühester Kindheit zu den alltäglichen Erfahrungen. Maritime Themen wie Schiffe und Schiffskatastrophen, Küsten und Häfen, Felsklippen, Nebelschwaden und das Eismeer metaphorisch zu deuten, beanspruchten in seinen Werken breiten Raum.

Parallelen hierzu finden sich deutlich auch bei Eschke, Krause und Hildebrandt: Ihre Aufmerksamkeit galt aber besonders dem harten Kampf der Fischer, Lotsen und Matrosen. Die schwere Arbeit auf hoher See oder im Hafen wird eindrücklich in Hildebrandts Bild *Mönchguter Lotsen* (Abb. 42) und Eschkes *Tosende See vor der bretonischen Küste* (Abb. 45) widergespiegelt. Das aufgewühlte Meer vor den nordischen Küsten gleichermaßen wie das Walten der Natur – bei Sturm und Wetter oder in der friedvollen abendlichen Stille von Mondauf- oder Sonnenuntergängen – finden eindrückliche Belege in der marinen Malerei der drei genannten Vorbilder, die seinerzeit zu

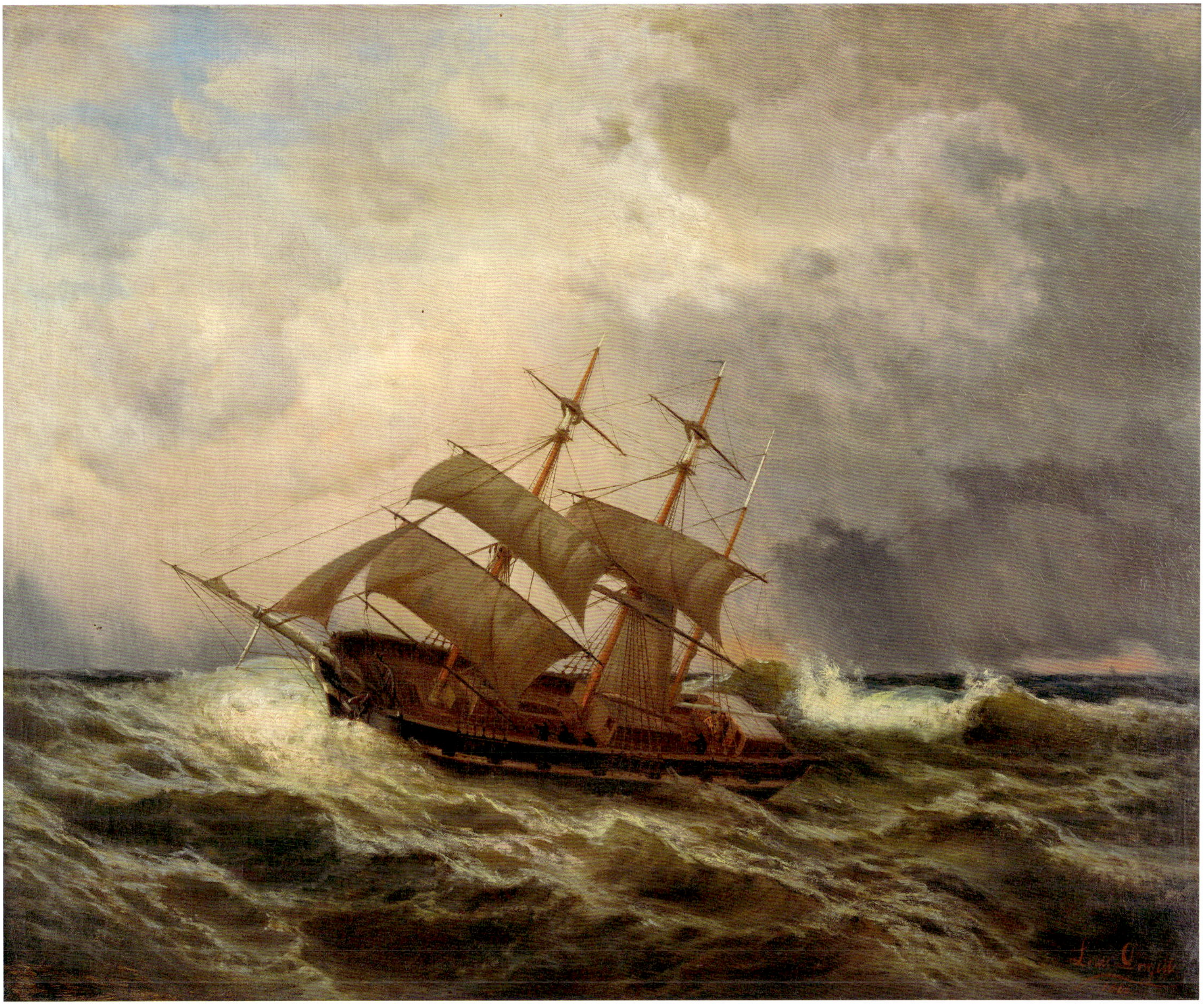

**40**

Abb. 40

**Louis Douzette: Dreimaster in tosenden Wellen der stürmischen See, 1866**

Öl auf Lw., 63 x 79 cm, Sign. u. dat. u.r.
Privatbesitz

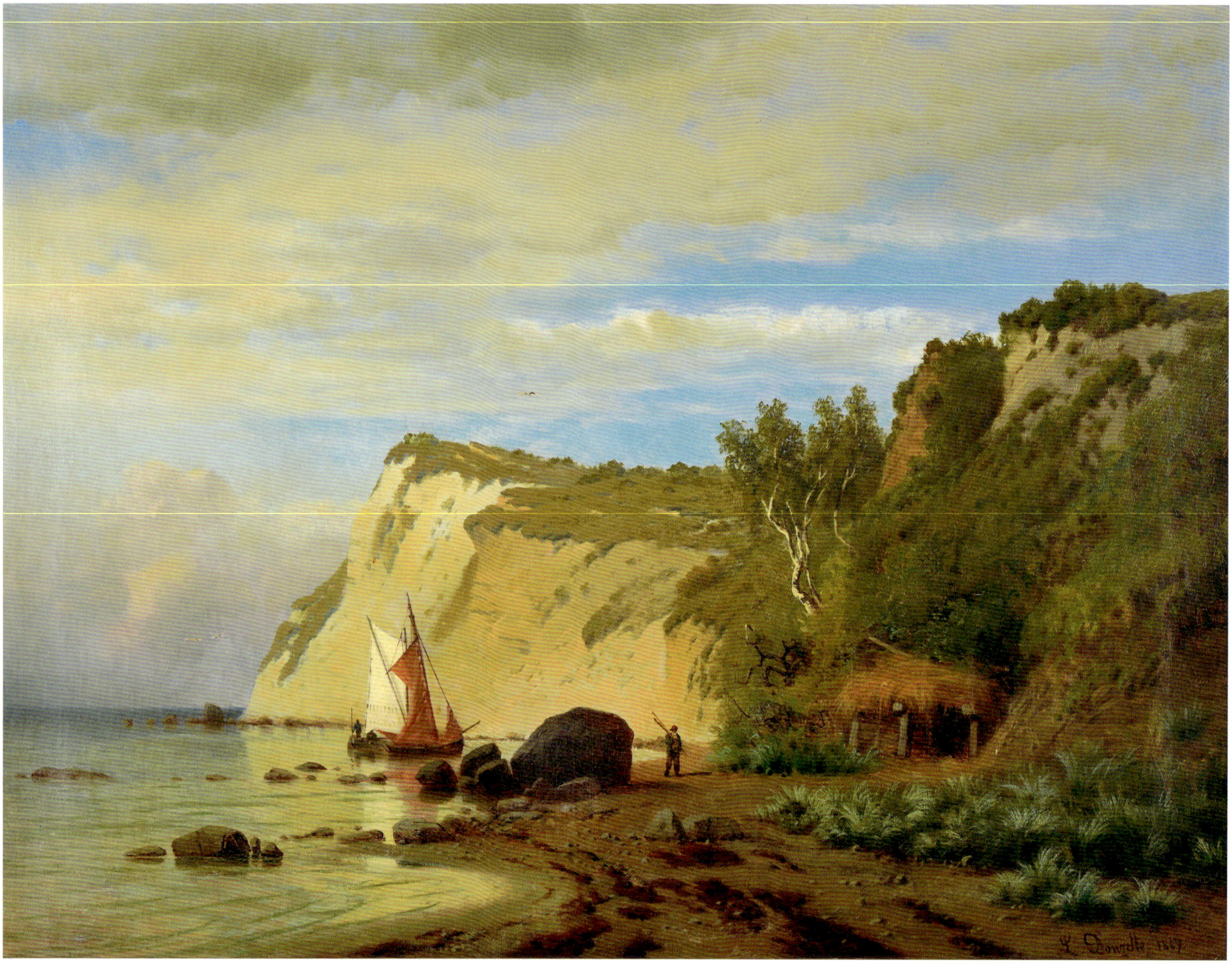

41

den angesehensten Kunstmalern Berlins zählten (Abb. 44, 45, 46). In deren Meeresdarstellungen lebte Friedrichs romantische Bildsprache fort, wenn sie in ihren Bildern die Häfen mit aus- und einlaufenden Schiffen, die drohenden Gefahren von Schiffsbrüchen in stürmischer See und andere maritime Szenerien schilderten: als metaphorische Gleichnisse im Lebenszyklus der Menschen mit ihren alltäglichen Gefährdungen.

Douzette griff diese Bildthemen ebenfalls auf, doch verzichtete er weitgehend auf die spätromantischen Dramatisierungen. Nur in seinem Bild *Dreimaster in tosenden Wellen der stürmischen See,* das er im Jahr 1866 malte (Abb. 40), schuf er nach seiner ersten, dreiwöchigen Schwedenreise von 1865, die er mit der Bark »Carl Heinrich« seines Schwagers Johann Zacharias Steinorth unternahm, ein Sinnbild der Bedrohung des Lebens. Hier zeigt er, wie die übermächtigen Naturgewalten auf hoher See in einem Sturm traumatisierend auf ihn einwirkten. Ähnlich wie bei Friedrichs *Eismeer mit Schiffswrack* verbindet sich für Douzette mit diesem Bild ein persönlicher Schicksalsmoment, denn die Besatzung und seine Familie konnten der Sturmflut nur mit Mühen entkommen. Douzettes Lebensschiff konnte noch einmal Fahrt aufnehmen, aber die Faszination für die Naturgewalten und der große Respekt vor dem Meer hatte ihn nie mehr verlassen.

Im Großen und Ganzen bevorzugte Douzette jedoch die Darstellung des ruhigen, friedlichen Meeres in der Vielfalt seiner poetischen Stimmungslagen wie er sie ebenso bei seinen Vorbildern Eschke, Krause und seinem Landsmann Johann Wilhelm Brücke

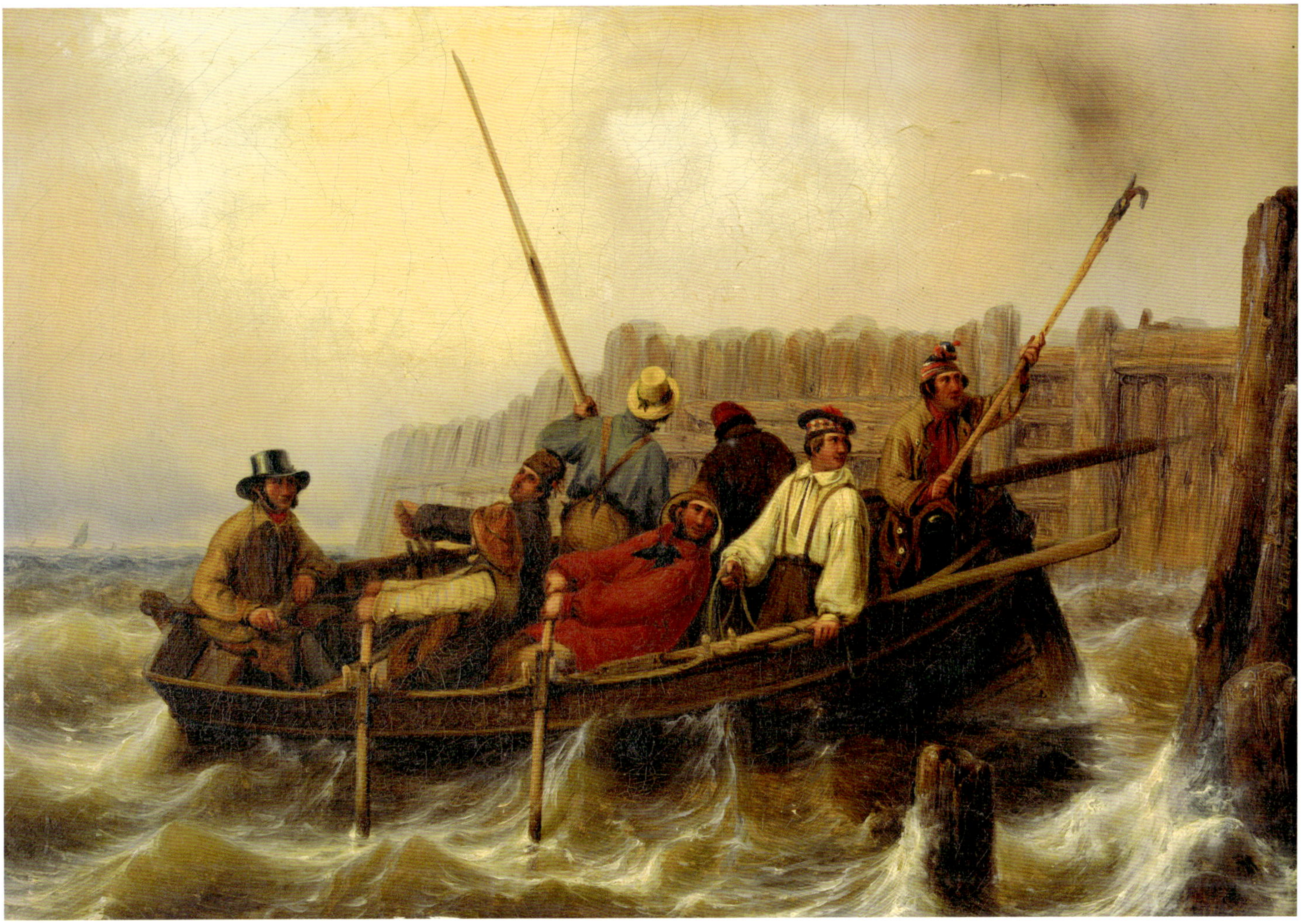

42

(1800–1874) finden konnte. Im Gegensatz zu Krause und Eschke, die, nach den Anfängen Allart van Everdingens (1621–1675) während des holländischen Barocks, nun gemeinsam mit Douzette erneut als künstlerische Erkunder des Nordens und der skandinavischen Landschaften und Meere gelten, zog es den aus Stralsund stammenden Landschafts– und Architekturmaler J.W. Brücke in typischer Italiensehnsucht des 19. Jahrhunderts weiterhin in den Süden.

Dort entstand 1849 das Bild *Vollmond über dem Golf von Neapel* (Abb. 43). Es zeigt, dass Maler wie Publikum nicht nur die nördlichen Mondscheinlandschaften zu schätzen wussten. Insofern bildet es in seiner feinmalerischen Darstellungsweise der romantisch-klassizistischen Bildtradition einen Kontrast zu Douzettes Schaffen.

Abb. 41
**Louis Douzette: Rügenküste vor Mönchgut (Am Nonnenloch), 1867**
Öl auf Lw., 72 x 97 cm, sign. u. dat. u. r.
Vineta-Museum Barth, Inv.-Nr.: VMB-1640

Abb. 42
**Eduard Hildebrand: Mönchguter Lotsen, 1839**
Öl auf Lw., 26x36 cm, sign. u. dat. u.r.
Vineta-Museum Barth, Inv.-Nr.: VMB-1344

43

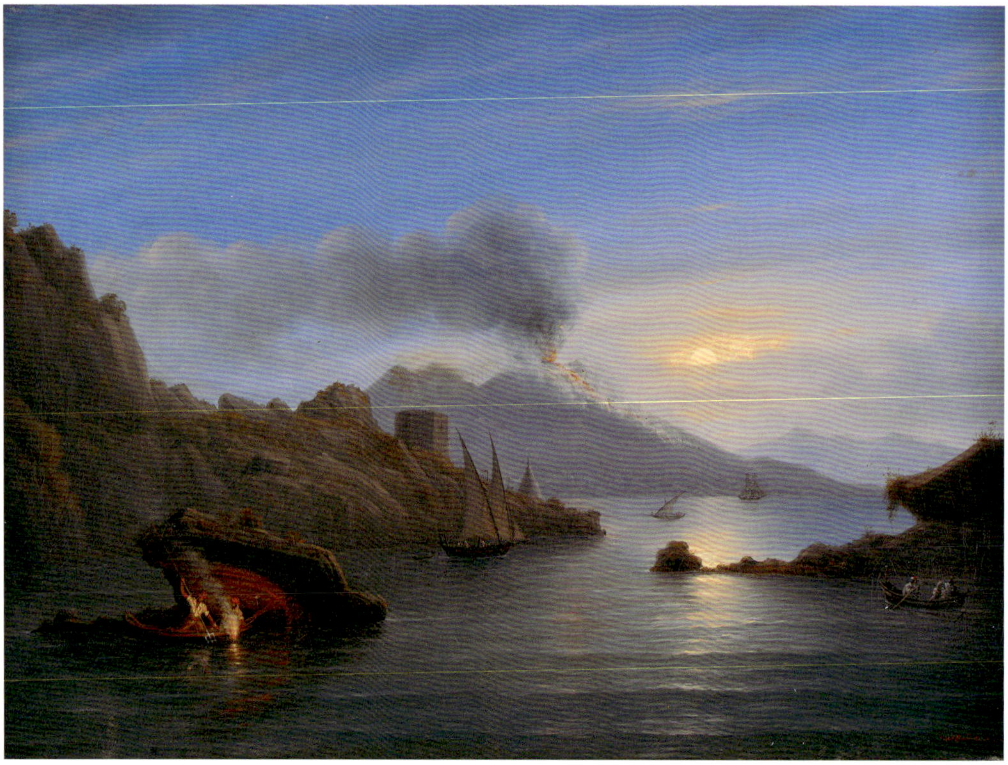

44

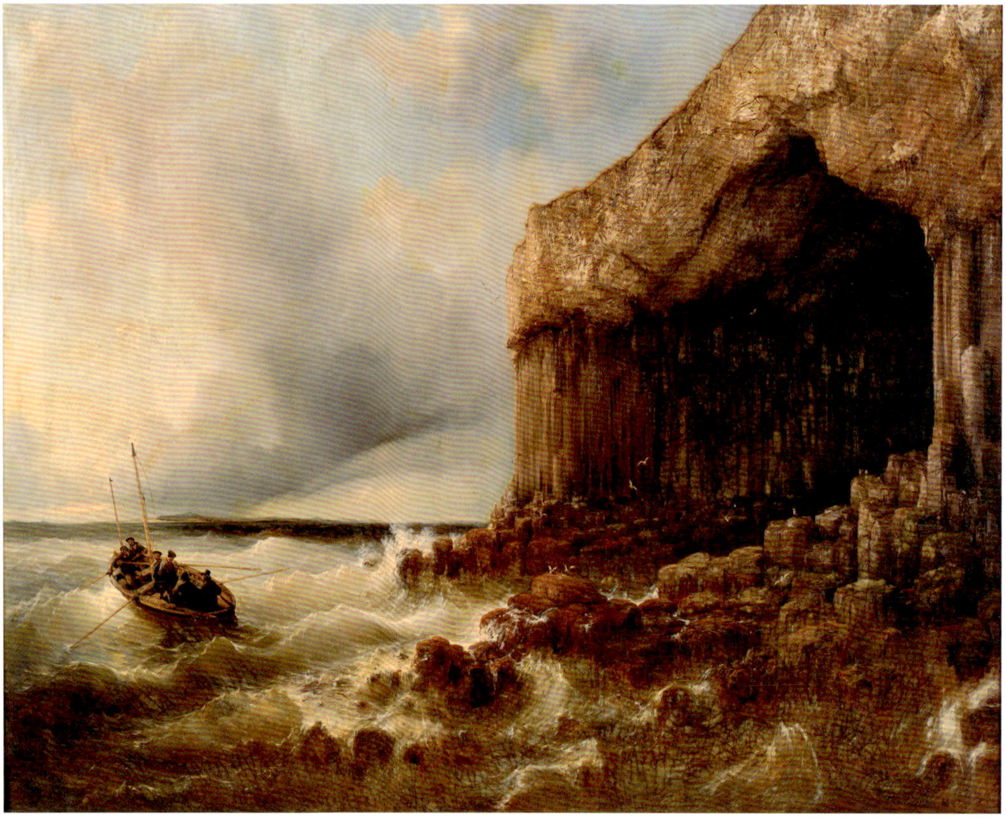

Abb. 43
**Johann Wilhelm Brücke: Vollmond über dem Golf von Neapel (Nächtlicher Tintenfischfang vor dem ausbrechenden Vesuv), 1849**
Öl auf Lw., 44.5 x 62 cm, sign. u. r.
Privatbesitz

Abb. 44
**Wilhelm Krause: Fingal's Cave auf Staffa (Schottland), 1842**
Öl auf. Lw., 116 x 147 cm
Privatbesitz

45

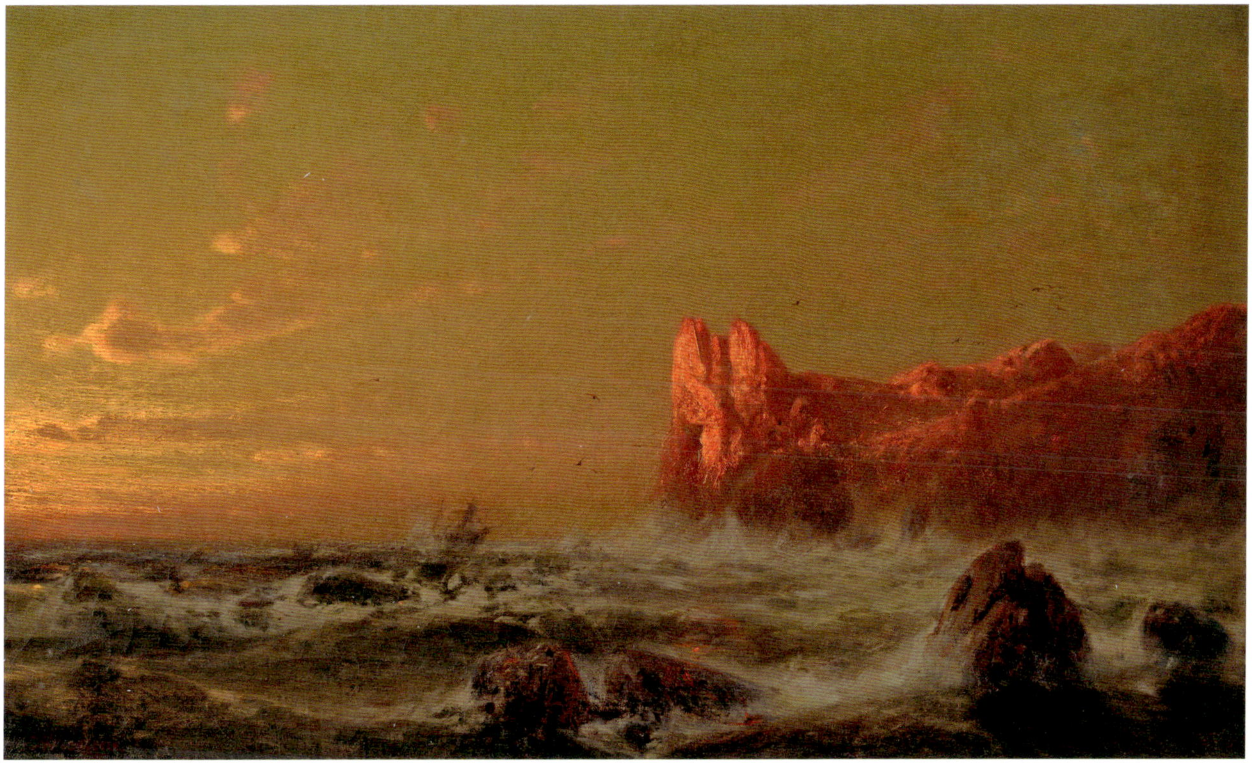

46

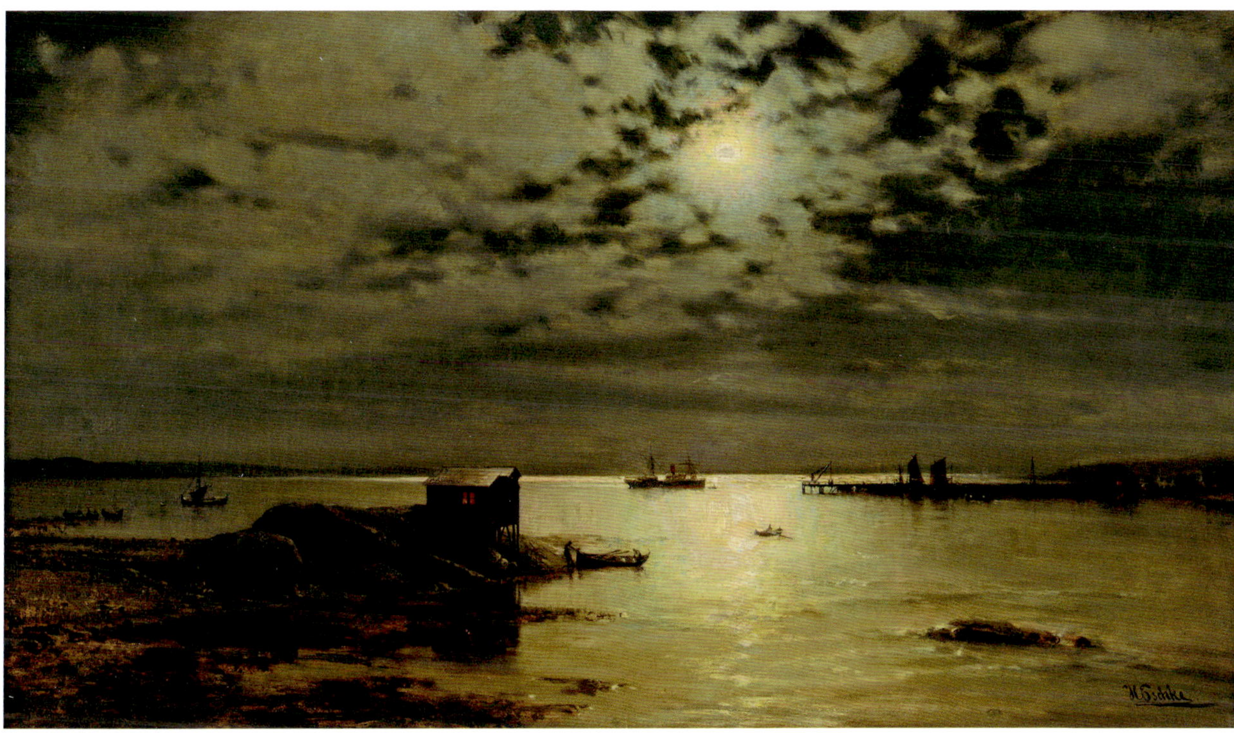

Abb. 45
**Hermann Eschke: Tosende See vor der bretonischen Küste im Abendlicht, 1876**
Öl auf Leinwand, 40 x 66 cm, sign. u. l.
Privatbesitz

Abb. 46
**Hermann Eschke: Mondnacht bei Tromsö**
Öl auf Lw., 44 x 80 cm, sign. u. r.
Privatbesitz

# Motivübereinstimmungen bei Friedrich und Douzette

47

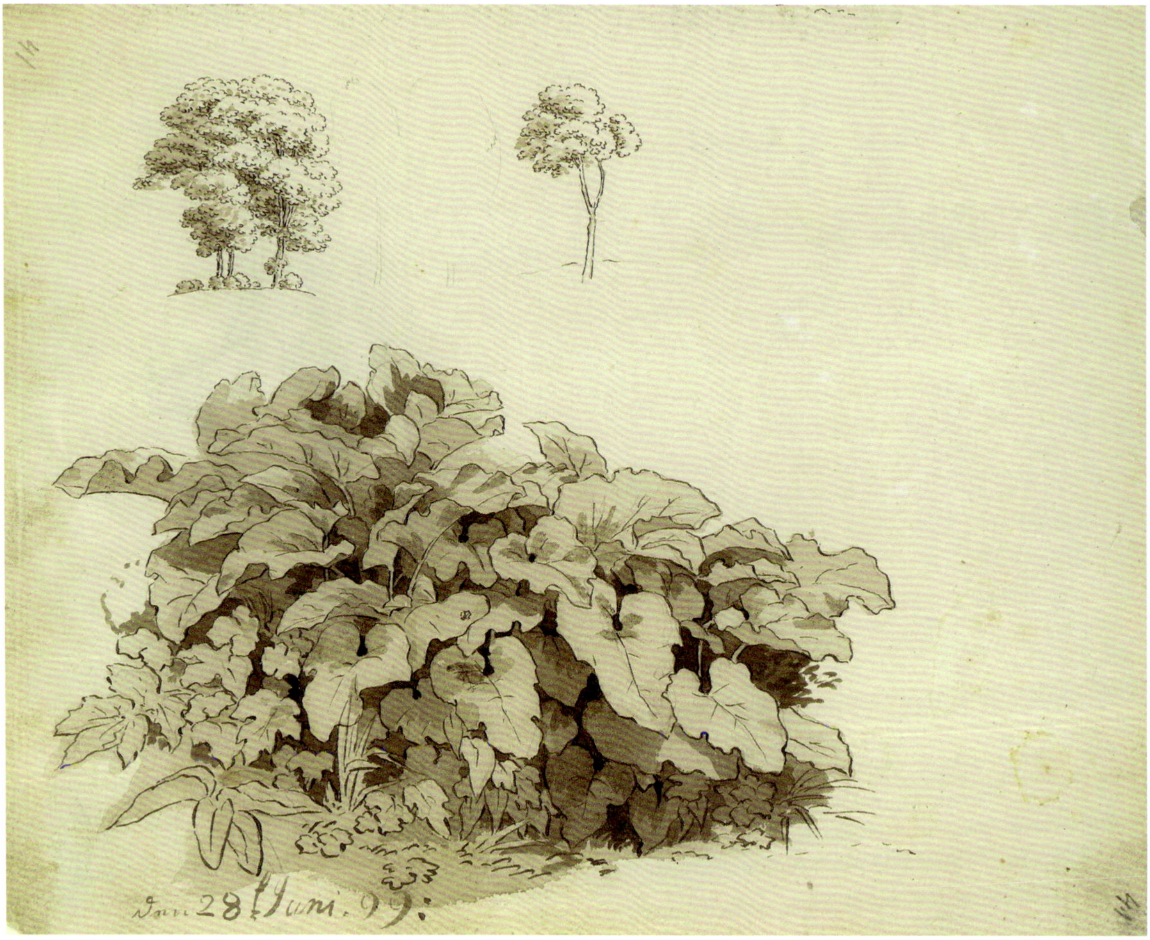


Abb. 47

**Caspar David Friedrich: Pflanzen- und Baumstudien, 28. Juni 1799**

Feder in Grau, laviert, Bleistift, auf Bütten, 23.7 x 18.8 cm
Staatliche Museen zu Berlin, Inv. Nr.: SZ CD.Friedrich 63 recto

Abb. 48

**Louis Douzette: Pflanzendickicht am Bachufer (vermutlich Atelier -Studie), 1860**

Bleistift auf Papier, 47,0 x 29,7 cm, sign. u. l. u. dat.
Vineta-Museum Barth, Inv.-Nr.: VMB-509

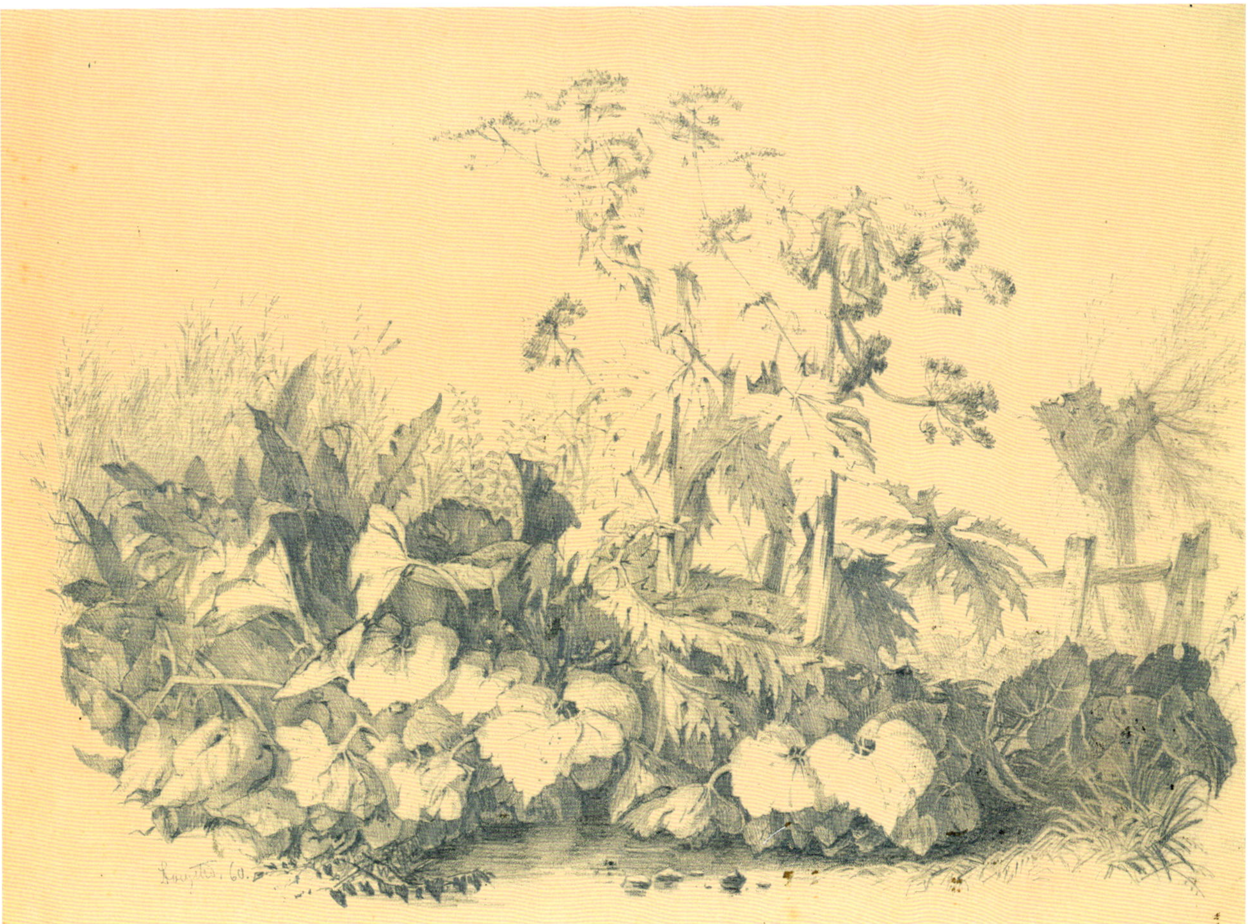

48

## Landschaft und Stillleben

Die abwechslungsreiche Landschaft ihrer vorpommerschen Heimat war Ausgangspunkt vieler Naturstudien, die sowohl Caspar David Friedrich als auch Louis Douzette lebenslang trieben, um ihre Bildkompositionen vorzubereiten. Von daher ergaben sich schon von selbst viele Übereinstimmungen im Sujet wie in der skizzierenden Herangehensweise ihrer Naturbeobachtungen. Dabei legten beide Künstler allergrößten Wert auf die akribische Wiedergabe von Details in der variantenreichen Gestaltung ihrer Erscheinungsformen, wie es am Beispiel der Pflanzenstudien von Friedrich in Abb. 47 und Douzette in Abb. 48 ersichtlich wird.

Ein schönes Exempel von Ähnlichkeit und künstlerischer Parallelität bieten u. a die beiden Blätter, die das Thema von im Boden wurzelnden Baumstämmen zum Inhalt haben. Im Mai 1818 hatte Friedrich an wechselnden Tagen eine ganze Serie von Baumstämmen auf das Papier gebracht, die er neben und übereinander auf einem Blatt arrangierte, um sich so einen Überblick zu verschaffen, auf welch verschiedene Weise ein Baum in der Erde wurzelt (Abb. 49). Eine ganz ähnliche Serie schuf Louis Douzette (Abb. 51), um sich ebenso eine Grundlage für seine poetisch-realistische Bildkompositionen zu schaffen. Beide Künstler scheinen fasziniert von den Wurzelansätzen und deren Strukturen, die zu der im Boden versteckten Hälfte des Baumes gehören, ihm Stabilität und Nahrung schenken, aber immer im Verborgenen bleiben und in sehr vielgestaltigen amorphen Formen zum Stamm und zur Krone leiten.

Bemerkenswert auch die Parallelen zweier Studien von einer alten knorrigen Eiche, die Friedrich als Zeichnung (Abb. 50) und Douzette als Aquarellskizze (Abb. 52) wirklichkeitsgetreu auf ihr Zeichenpapier zu bannen wussten. Beide hatten sich mit einiger zeitlicher Verschiebung an Orten auf Rügen und dem Vilm zur Motivsuche begeben und scheinen von einer sehr ähnlichen (fast identischen) »Eichenbaumplastik« fasziniert worden zu sein.

Die akribisch-realistische Erfassung von Ausschnitten aus der Natur dienten beiden Meistern als Richtschnur ihrer malerischen Weltsicht und fanden Eingang in spätere Bildkompositionen. Weitere »Einbindungen« früher Bleistiftzeichnungen verschiedener Baumstudien (Abb. 53, 54, 55) begegnen uns in Douzettes umfangreichem Œuvre gleich in mehreren Beispielen.

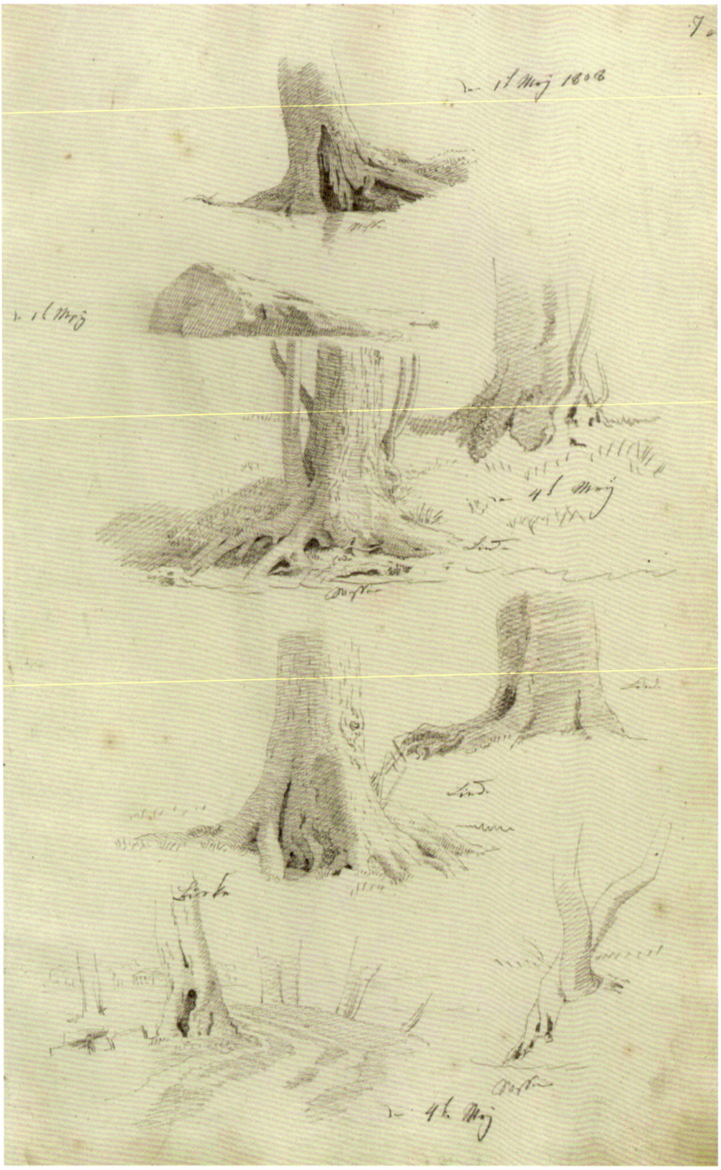

49

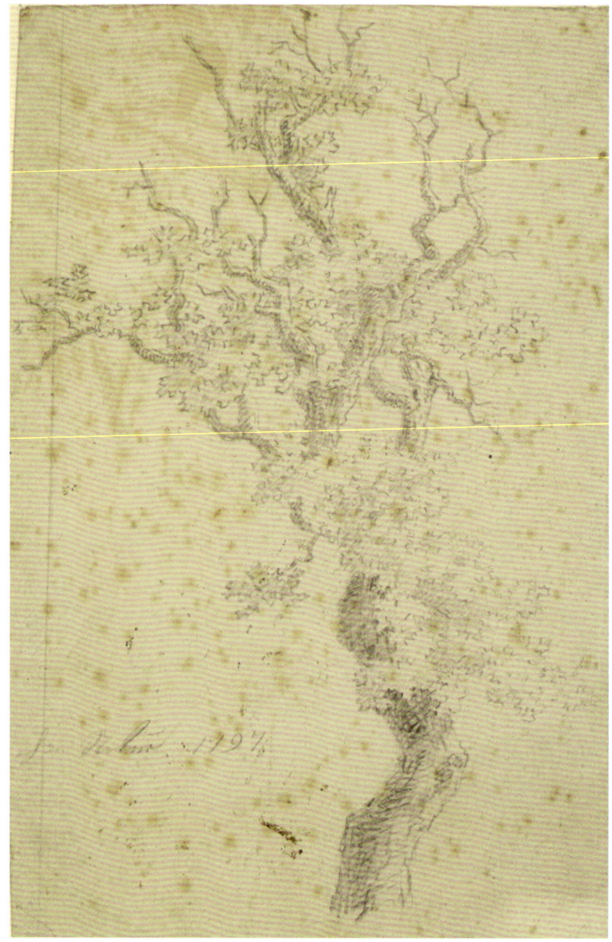

50

Abb. 49

**Caspar David Friedrich: Baumstudien (Weide, Linde, Fichte), 1. Mai 1808**

Bleistift, 230 x 359 mm
Kupferstich-Kabinett, Staatliche Kunstsammlungen Dresden, Inv.-Nr.: Ca 49v/07

Abb. 50

**Caspar David Friedrich: Baumstudie (Eiche), 1797**

Bleistift, auf Bütten, 15 x 22.6 cm
Staatliche Museen zu Berlin, Inv. Nr.: SZ CD.Friedrich 32

Abb. 51

**Louis Douzette: Vier Baumstudien, 1861**

Bleistift auf Papier, 34 x 22,7 cm, sign. u. r. u. dat.
Vineta-Museum Barth, Inv.-Nr.: VMB-515

Abb. 52

**Louis Douzette: Baumstudie: Eiche**

Aquarell auf Papier, 31 x 45 cm, unsign., undat.,
Vineta-Museum Barth, Inv.-Nr.: VMB-510

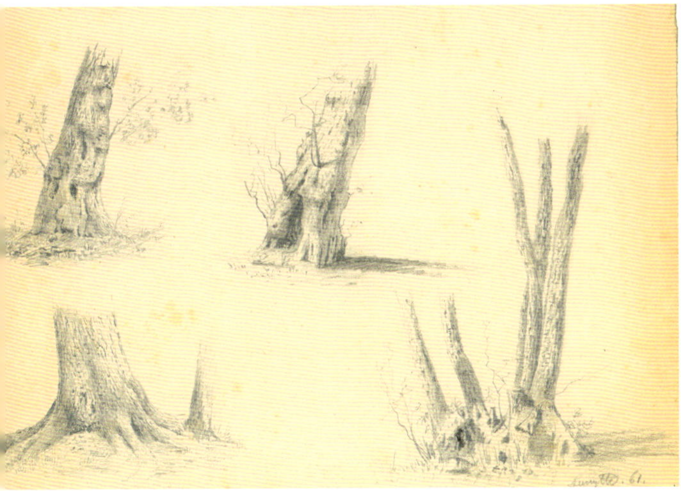

51

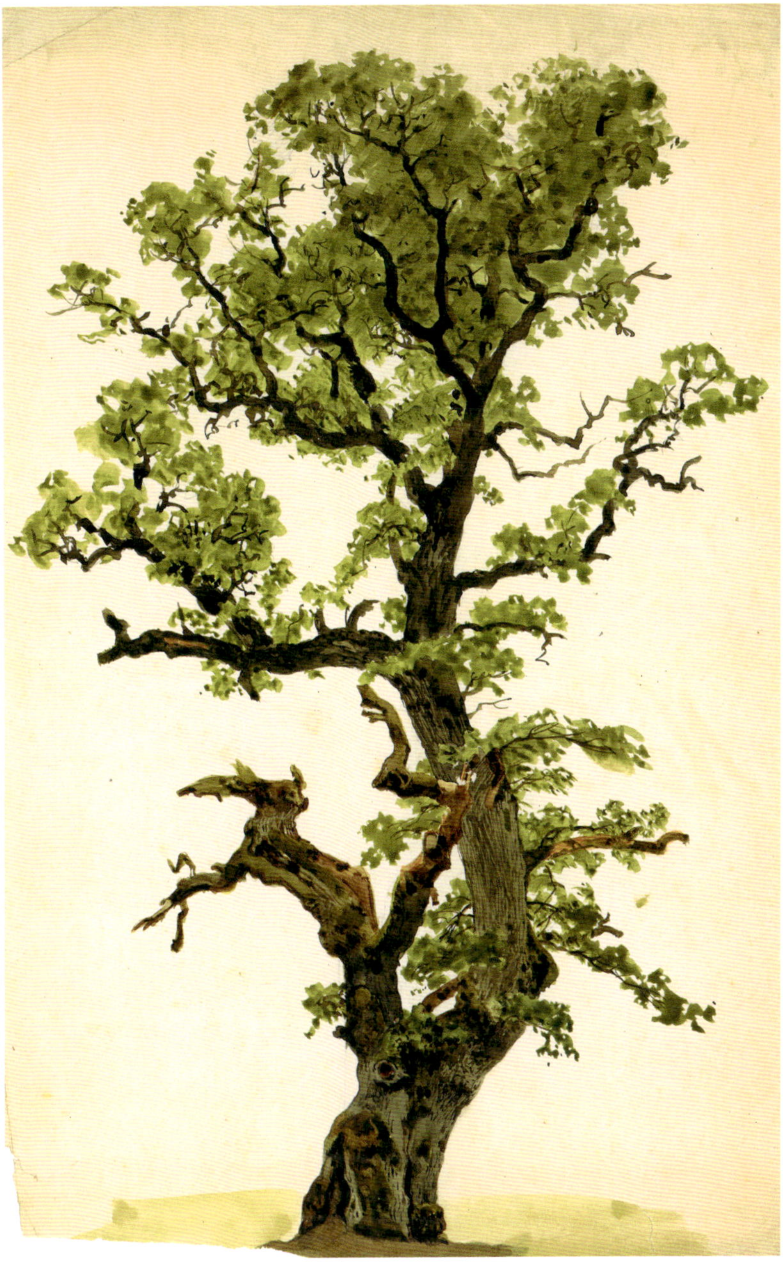

52

## Akribische Naturstudien im Großen und im Kleinen

Natürlich führte das präzise Erfassen einer Gesamtschau von Landschaft wie von Details aus der Natur selbst bei realistischer Herangehensweise nicht zwangsläufig zu einander ähnlichen Ergebnissen. Im Gegenteil: Jeder Künstler bringt zum Teil bewusst oder unbewusst seine eigene Lebenserfahrung, seine spezifische Weltsicht, seine Individualität mit in die Visualisierung ein. Auf diese Weise entstehen recht unterschiedliche Ergebnisse, die sich in verschiedenartigen Wiedergabemodalitäten widerspiegeln. Am Beginn von Douzettes Künstlerlaufbahn standen im Sinne des akademischen Klassizismus stilllebenhafte Arrangements (Abb. 2), um dergestalt ein Gefühl für Plastizität, Materialstrukturen, Licht-Schatten-Verteilung, harmonische Kompositionsweise usw. zu entwickeln.

Eine Vielzahl dieser Versuche hat zu bemerkenswerten Studien geführt, die in der Leuchtkraft der Farben, in ihrer Differenzierung von unterschiedlicher Konsistenz der Pflanzendetails bei Blüten, Laubwerk und Verzweigungen (Abb. 56) das Auge des Betrachters erfreuen. Aus dem Alltäglichen, dem scheinbar Unscheinbaren, ziehen der poetische Blick und die Hand des Künstlers die Schönheiten unserer materiellen Welt auf das Papier, wie sie uns im Großen und im Kleinen gegenübersteht. So entstanden in all den Skizzen eine Fülle an kleinen Kunstwerken, deren ästhetische Qualität bis zum heutigen Tag nichts von ihrem Reiz verloren hat (Abb. 57, 58, 59).

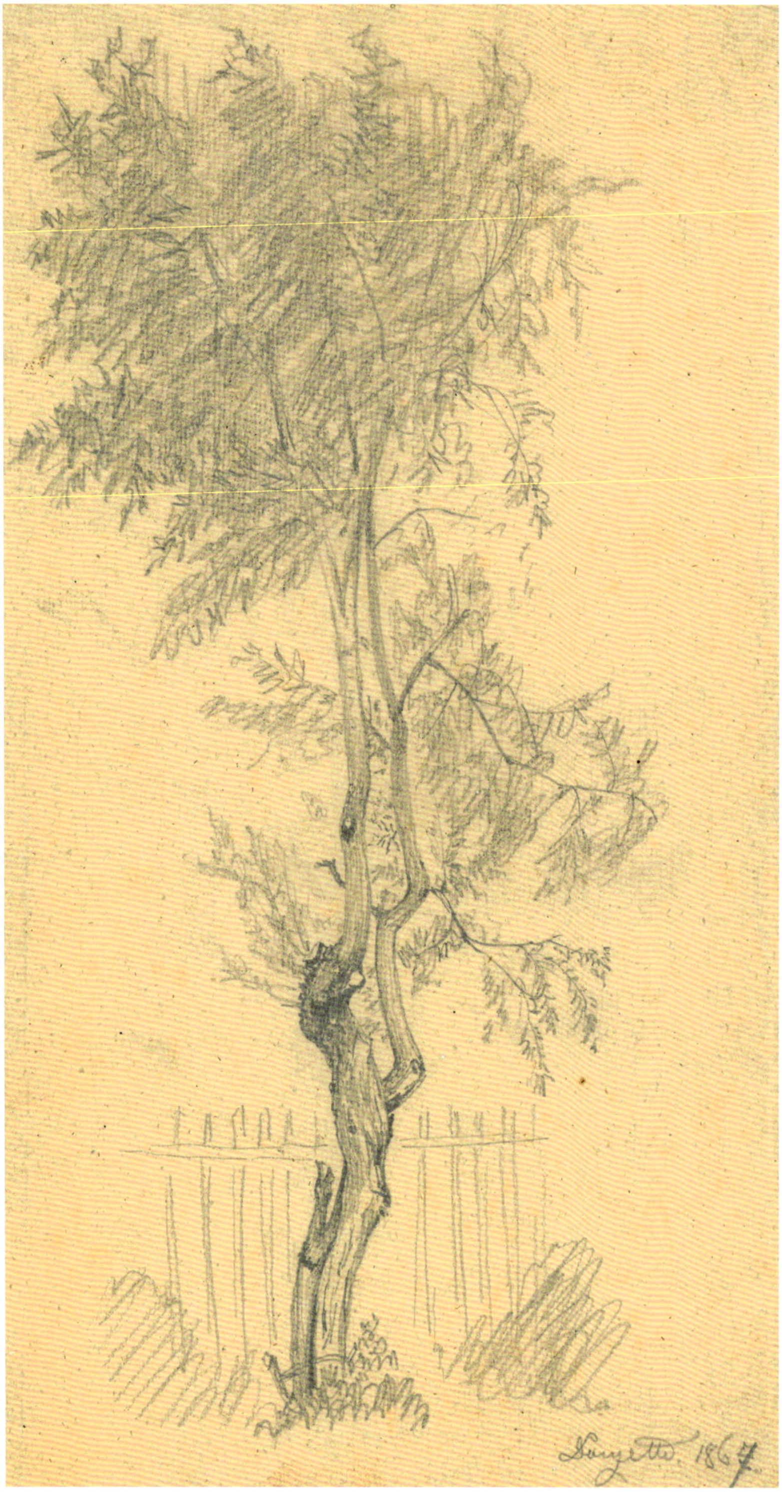

53

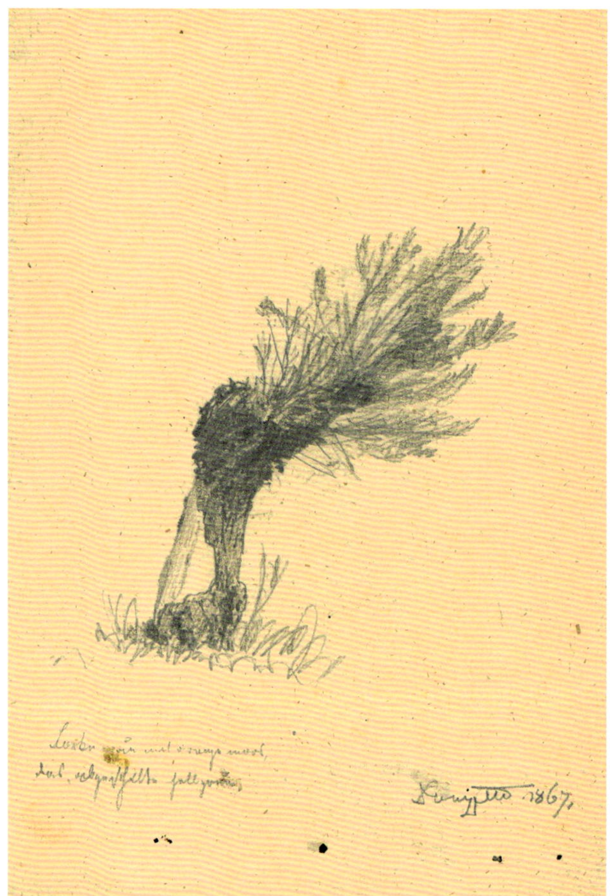

54

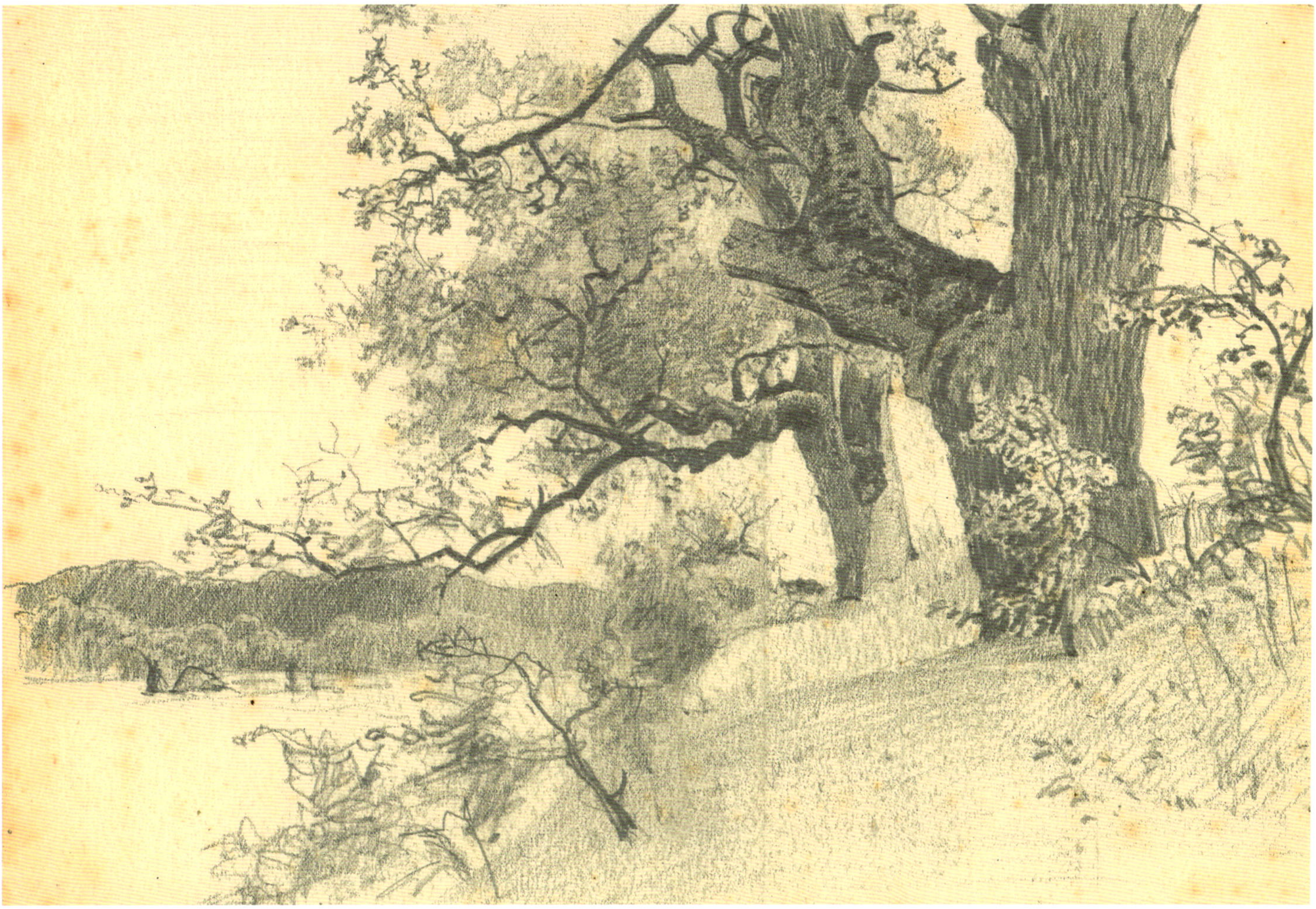

55

Abb. 53
**Louis Douzette: Baumstudie mit Gartenzaun, 1867**
Bleistift auf Papier, 31,0 x 45,0 cm, sign. u. r.
Vineta-Museum Barth, Inv.-Nr.: VMB-465

Abb. 54
**Louis Douzette: Baumstudie (Kopfweide), 1867**
Bleistift auf Papier, 16,2 x 23,6 cm, sign. u. r., dat.
Vineta-Museum Barth, Inv.-Nr.: VMB-508

Abb. 55
**Louis Douzette: Zwei alte Eichen an einer Böschung**
Bleistift auf Papier, 26,5 x 18 cm, unsign., undat.,
Vineta-Museum Barth, Inv.-Nr.: VMB-458

56

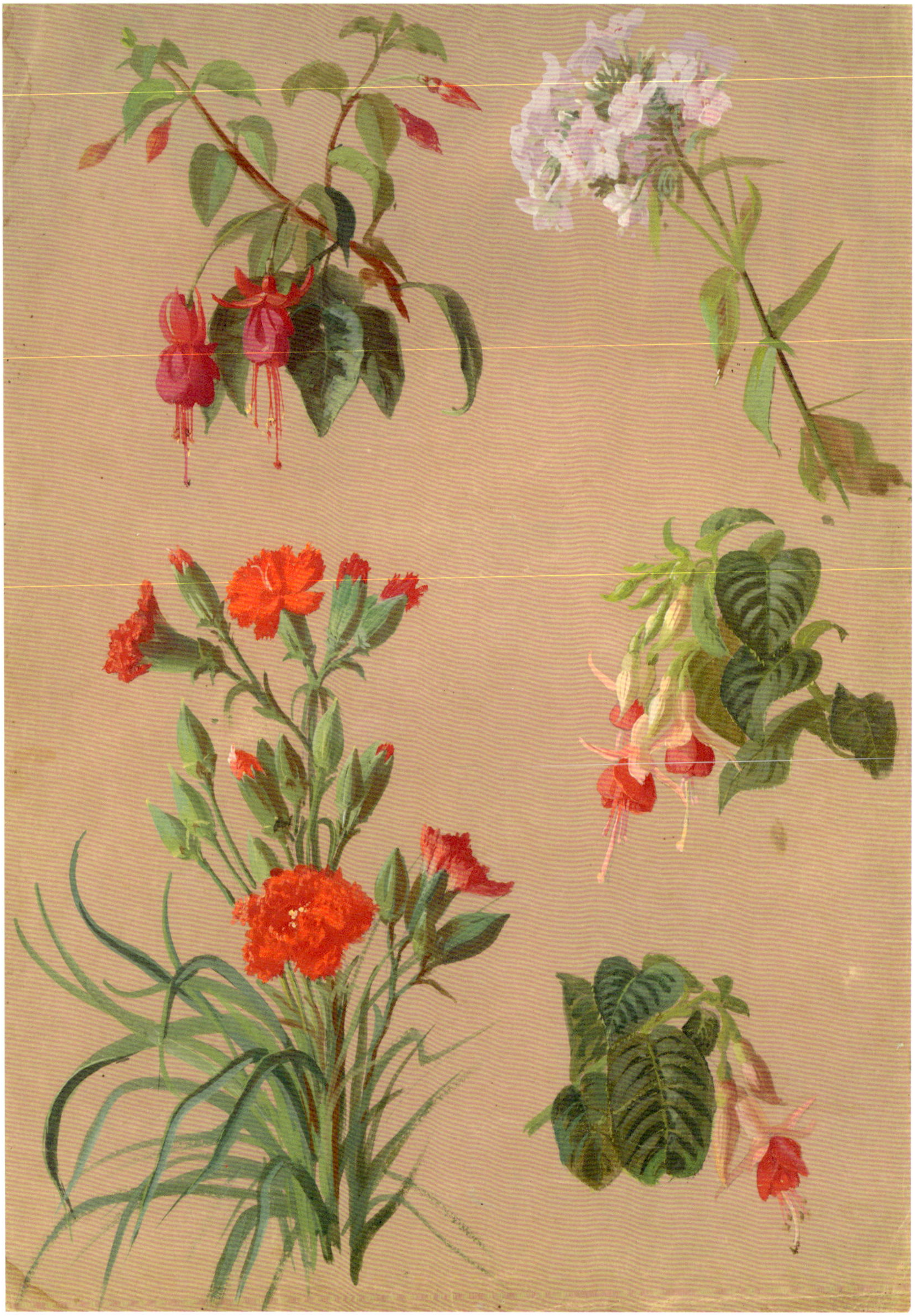

Abb. 56
**Louis Douzette: Naturstudien Fuchsien, Nelken und Seifenkraut**
undat., unsign., 35 x 48,5 cm, Deckfarben auf Karton
Vineta-Museum Barth, Inv.-Nr.: VMB-101

Abb. 57
**Louis Douzette: Naturstudien: Rosenblüten**
Aquarell auf Papier, 32,6 x 16,6 cm, unsign., undat.
Vineta-Museum Barth, Inv.-Nr.: VMB-441

Abb. 58
**Louis Douzette: Naturstudien: Weiße Alpenveilchenblüten**
Aquarell/ Deckfarben auf Papier, 28,5 x 15 cm, unsign., undat.
Vineta-Museum Barth, Inv.-Nr.: VMB-440

Abb. 59
**Louis Douzette: Naturstudien: Stiefmütterchenblüten**
Aquarell/ Deckfarben auf Karton, 32 x 15,5 cm, unsign., undat.
Vineta-Museum Barth, Inv.-Nr.: VMB-439

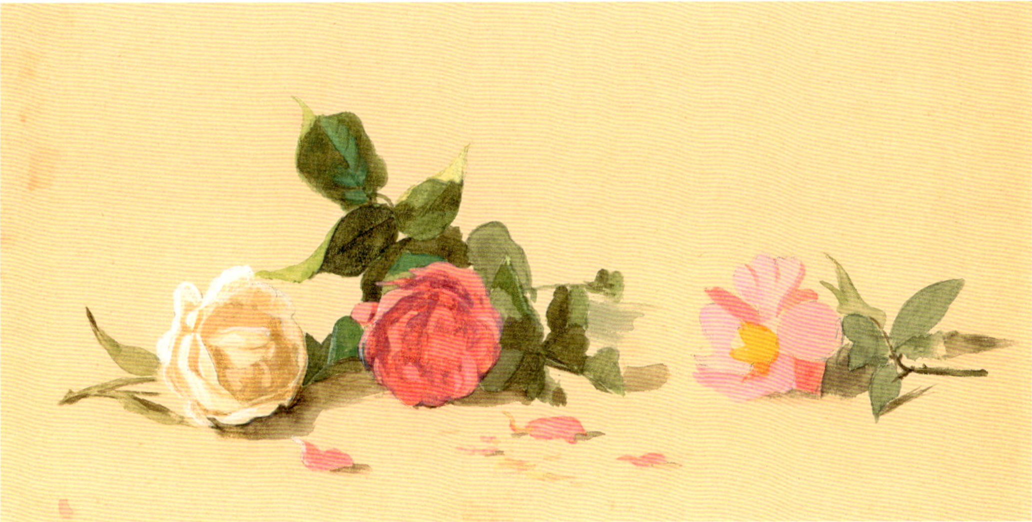

57

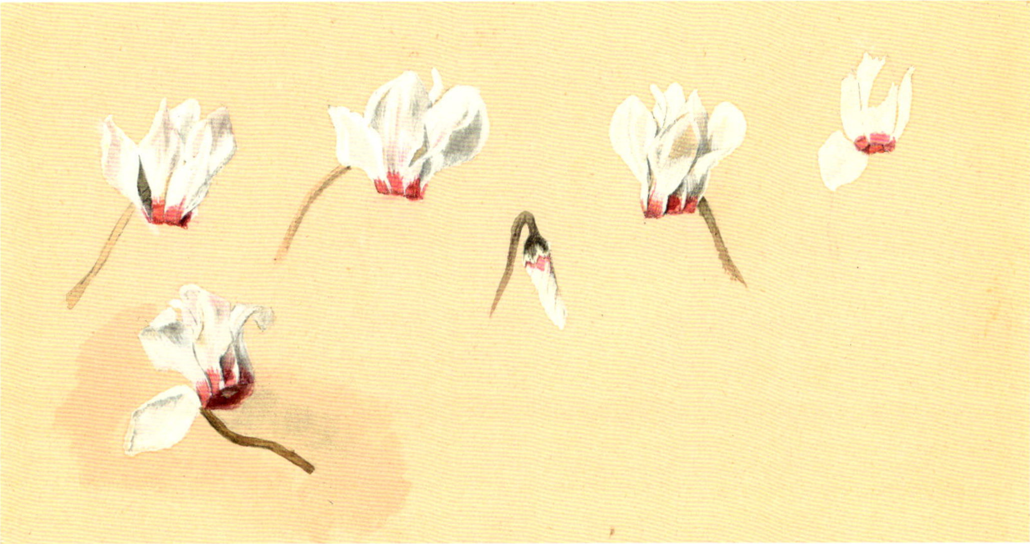

58

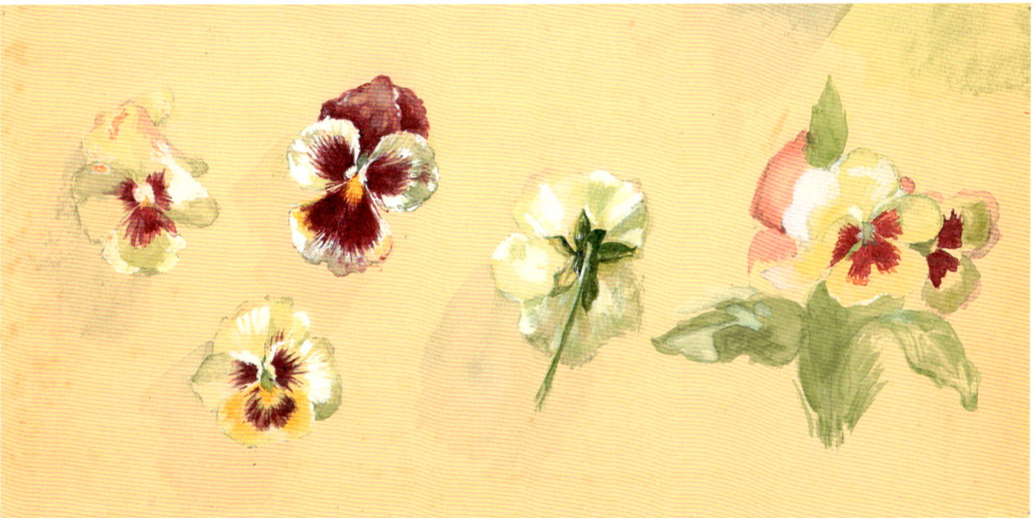

59

# Douzettes Bildtypen im Spätwerk

60

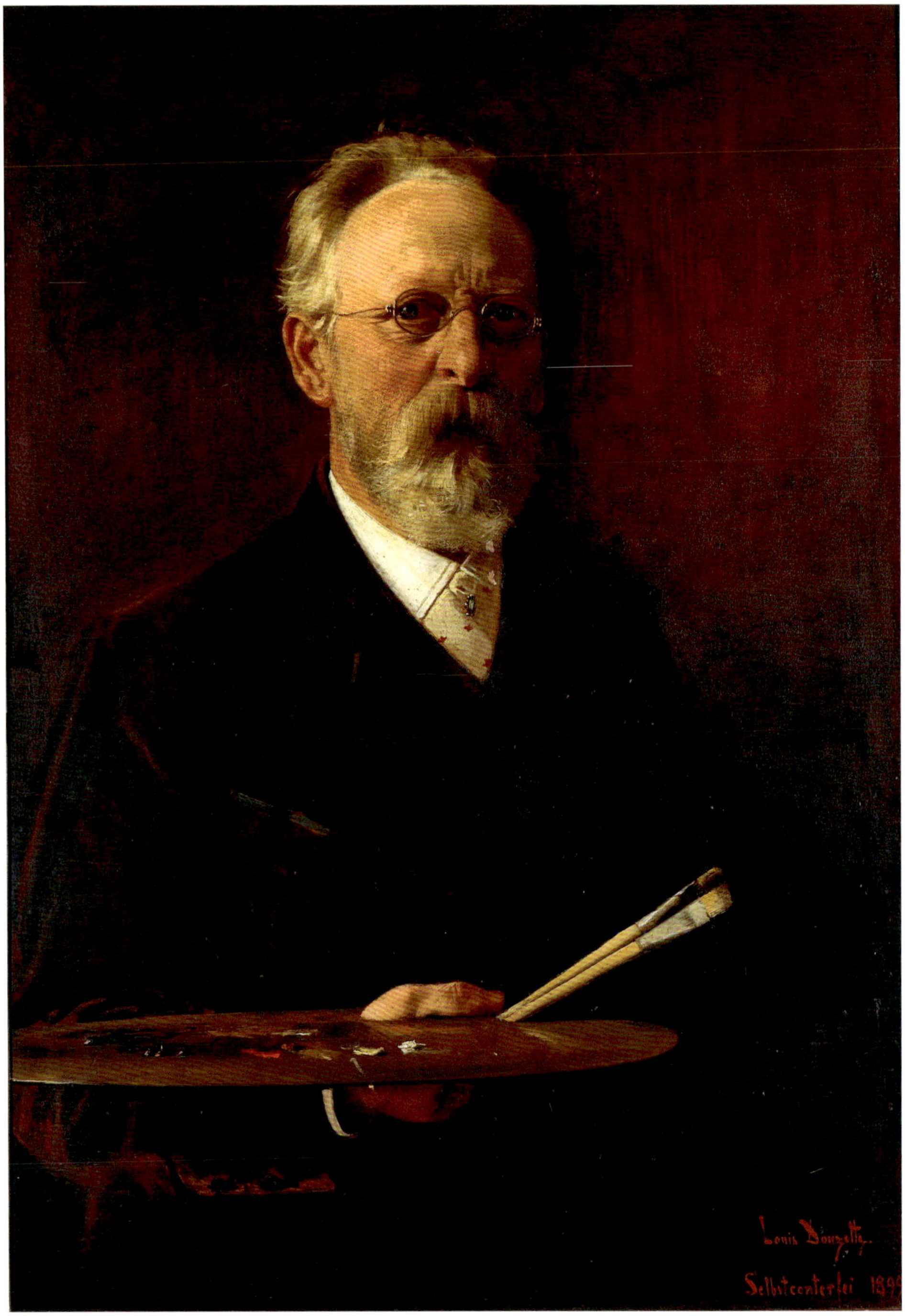


Abb. 60
**Louis Douzette: Selbstbildnis mit Palette, 1899**
Öl/Leinwand, 90 x 70 cm,
u. r.: »Louis Douzette. Selbstconterfei 1899«
Vineta-Museum Barth, VMB-552
Schenkung von Alfred Zacharias Erben durch Erika Rauschning

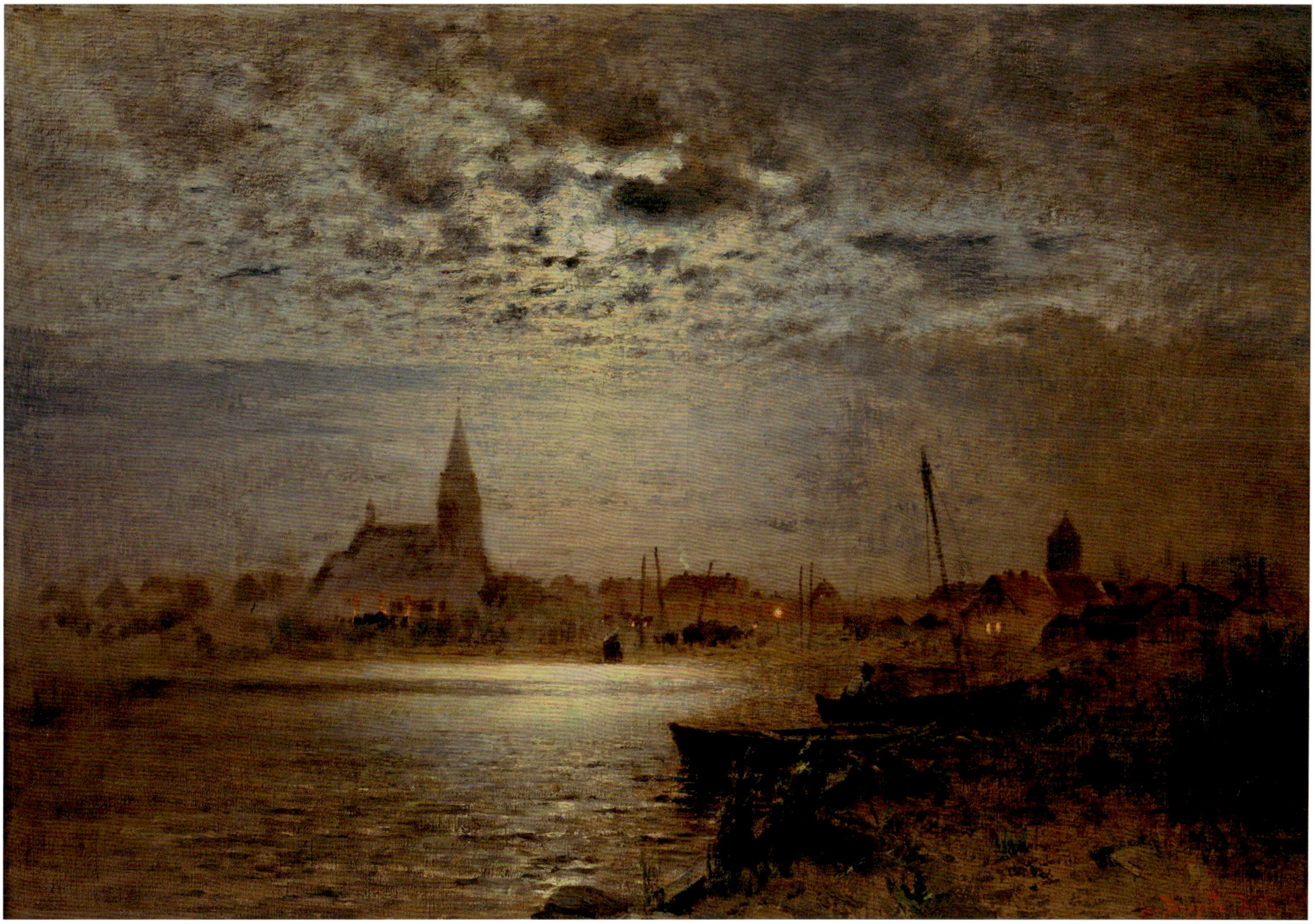

61

## Barther Jahre (1895–1924)

Schon von Berlin aus besuchte Douzette häufig seine Vaterstadt Barth und die angrenzende Halbinsel Fischland-Darß-Zingst. Er gilt als der künstlerische Entdecker der Darß-Landschaft, da sein erstes Aquarell von Prerow bereits 1859 entstand. Seine Reisen und Motivsuche setzte Douzette später auch von Barth aus fort, wie es durch seine Fahrten nach Skandinavien, Belgien, Holland, Frankreich, Italien und England belegt ist. Dabei trieben ihn die unendlichen Variationen der Lichtbrechung – insbesondere Reflexionen in bewegten und unbewegten Wasserflächen – und die Lichtspiele der nördlichen Landschaften zu fast beispielloser Produktivität. Von der Malerei »besessen« und bis ins hohe Alter schaffend, stellt sich der Künstler in seinem Selbstporträt von 1899 mit farbenbesetzter Palette und Pinsel dar (Abb. 60). Sein Œuvre wird auf ca. 1700 Werke geschätzt.

In seinem Barther Atelier entstanden viele Bildkompositionen mit »Lichtinszenierungen« nach seinen *Plein-air*-Skizzen. Besonders zahlreich sind Douzettes Beobachtungen, die er zum Stadthafen anstellte, den er nun fast täglich auf seinen Spaziergängen vor Augen hatte, wobei er die erlebten Lichtsituationen in zahlreichen Spielarten zu differenzieren wusste (Abb. 61). Im Laufe seines Lebens wurde seine Pinselführung dabei zunehmend lockerer, der Farbauftrag pastoser. Damit folgte er den Trends des frühen 20. Jahrhunderts, u. a. mit ihren impressionistischen und expressionistischen Strömungen.

Douzette schloss sich diesen ›Moden‹ bewusst nicht konsequent an; vielmehr suchte er seinen eigenen Stil als Landschaftschronist, für den lebenslang die Magie des Lichts im Wechselspiel vom mondhellem Nachtlicht über sonnendurchflutetes Tageslicht bis hin zum glühenden Abendrot der anbrechenden Dämmerung ein Grundthema in der Wiedergabe von Naturschönheit und künstlerischem Gestalten blieb.

62

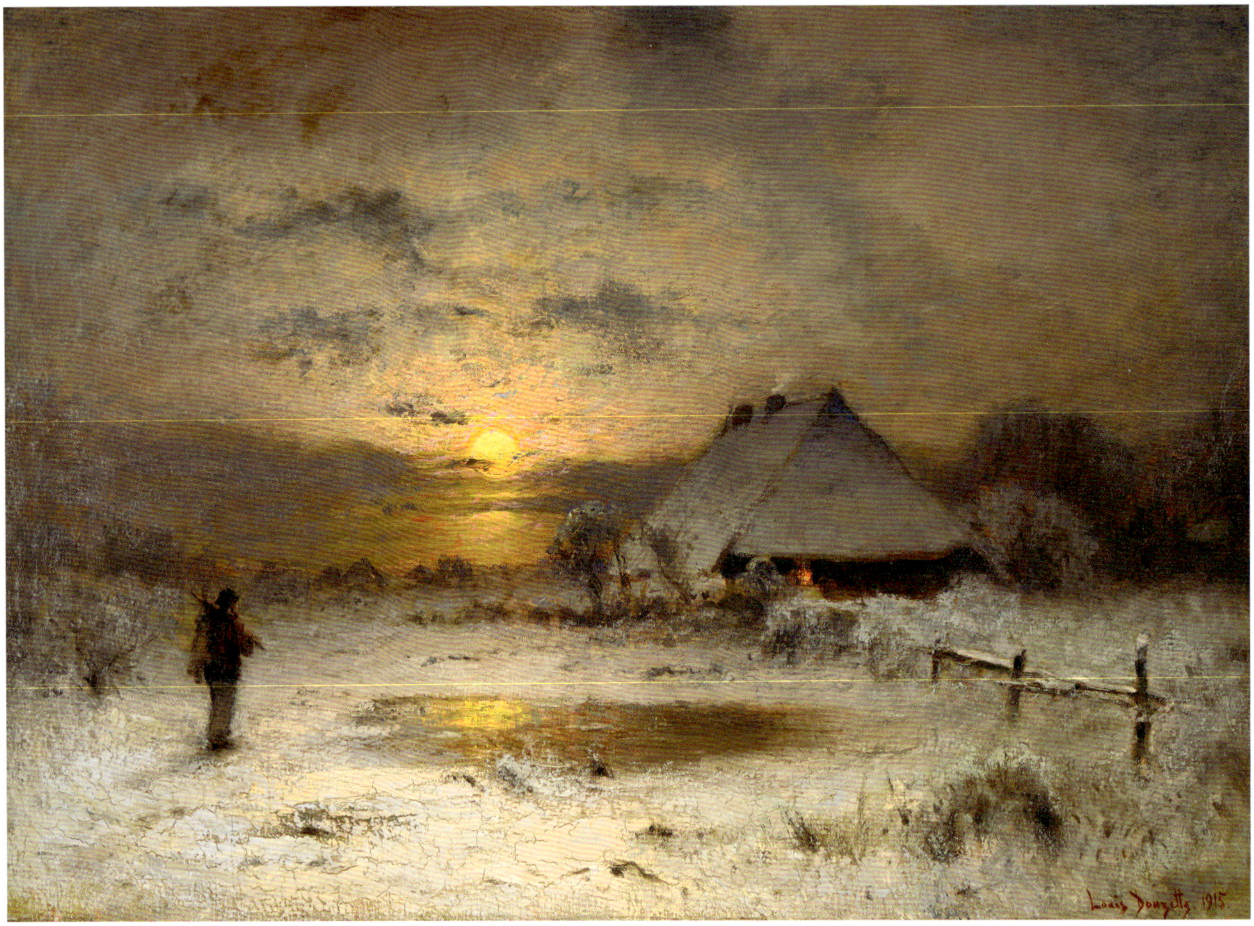

## Lichtsuche in diversen Ausdrucksformen

Douzettes erste Studienreise führte ihn 1864 unter Eschkes Leitung in seine eigene Heimatregion: zu den Inseln Rügen, Hiddensee und Vilm. In den folgenden Jahren wird der Darß sein »Barbizon«, wo er in der Vielfalt der pommerschen Küsten- und See-Landschaft die zukünftige »*Basis seiner Kunst* [fand], *der er eine Fülle an Motiven abgewann, die trotz des gemeinsamen Grundcharakters der Stimmung immer etwas Individuelles an sich haben, weil sich Douzette im Studium nach der Natur niemals genug thun konnte, sondern immer nur Eindrücke aufnahm, mit dem Bleistift oder dem Pinsel in Öl und Wasserfarben festhielt und sie dann in seinen Stimmungsbildern verwob. Seine Landschaften sind nur selten unmittelbare Naturporträts*« (Rosenberg 1891), vielmehr setzen sie sich aus Einzelstudien zusammen, mit denen er das Typische der Landschaft in einem faszinierenden Moment magischer Stimmung festzuhalten sucht. Dabei liegt seine Meisterschaft in Darstellungen des sparsamen Nachtlichts des Mondes (Abb. 62).

Die Synthese der Einzelstudien zum Stimmungsgemälde *Das Fischertor in Barth* (Abb. 63) erschließt sich bei der Betrachtung der Aquarellstudie zum *Fischertor* (Abb. 64). Das Gemälde wird bereichert durch zwei Segler und einen Fischerkahn, in dem die beiden uns bereits bekannten Fischer Platz genommen haben. Zwar finden wir die beiden Protagonisten in veränderter Haltung, doch eine Ähnlichkeit scheint unstrittig zu sein (Abb. 20 und Abb. 22). Das morgendlich eingefärbte, durchstrahlte Gewölk verleiht dem Bild eine ganz eigentümliche Atmosphäre. Auch im Aquarell (Abb. 64) lenkte Douzette sein Hauptaugenmerk auf die Wiedergabe des Lichts unter dem Eindruck einer momentanen Stimmung. In dieser Hinsicht kam er den Auffassungen der Impressionisten geistig sehr nahe. Aber auch der zeitweilige Luminismus im Ausdruck seiner damaligen Vorbilder Hildebrandt und Eschke lässt ebenso erkennen, wie er sich punktuell mit aktuellen Trends in der Kunst auseinandersetzte, um das Repertoire seines Schaffens beständig zu erweitern. Dazu gehört ebenso seine Beschäftigung mit den zeitgenössischen Tendenzen verschiedener, nahezu zeitgleicher Strömungen in der Malerei. Auf diese Weise nahm er gestalterische Anregungen aus dem Jugendstil, dem Symbolismus und sogar aus der expressionistischen Landschaftsmalerei mit in sein künstlerisches Schaffen auf.

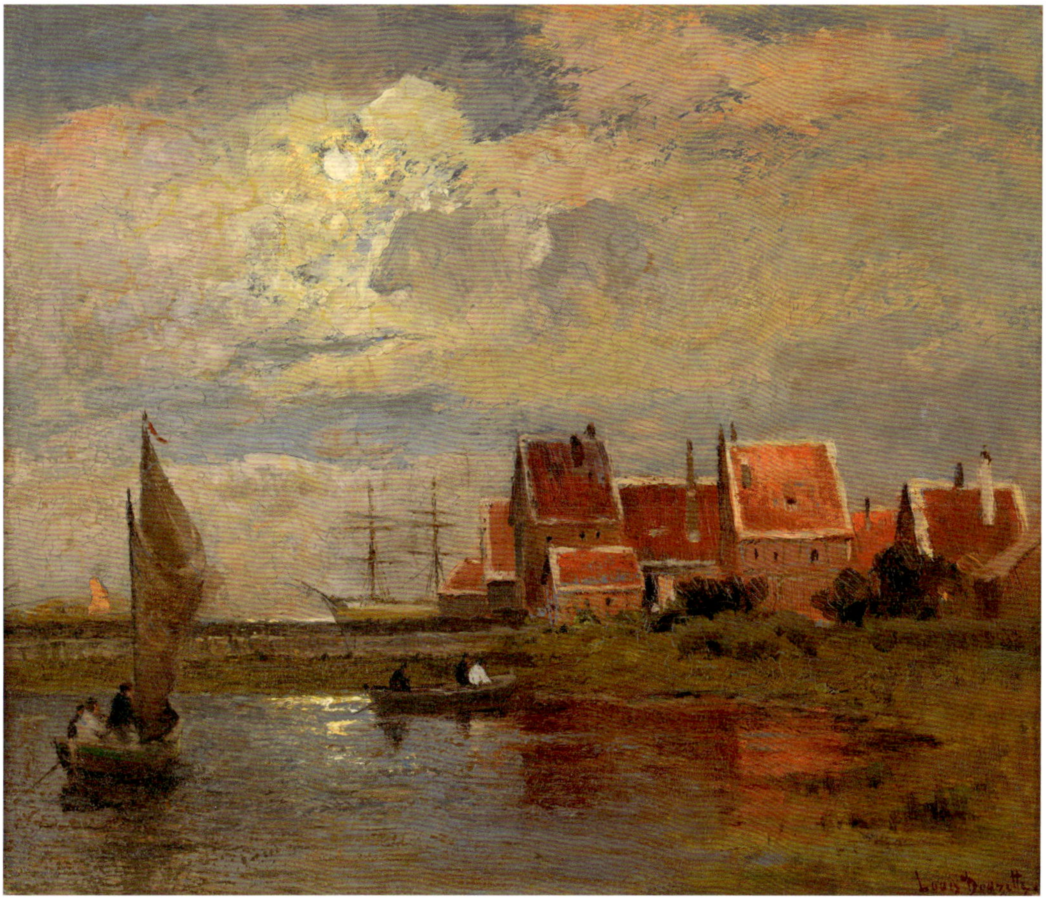

63

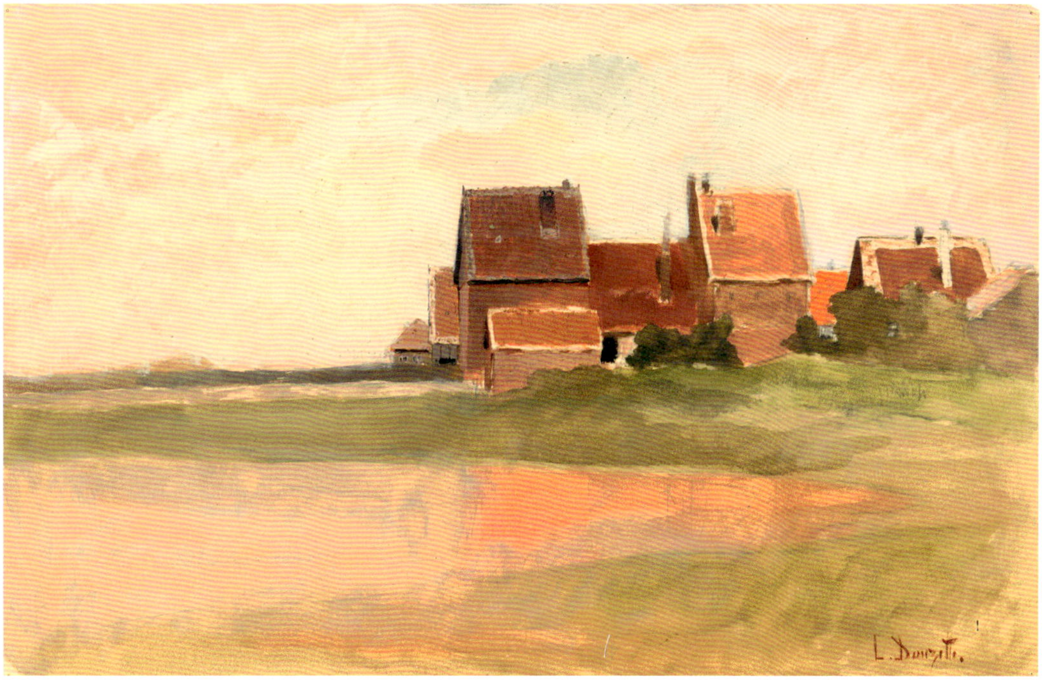

64

Abb. 61
**Louis Douzette: Der Hafen von Barth, 1903**
Öl auf Lw., 62,2 x 92,4cm, sign. u. r., Privatbesitz

Abb. 62
**Louis Douzette: Rückkehr von der Jagd (Winter auf dem Darß), 1915**
Öl auf Lw., 67 x 94 cm, sign. u. dat. u.r.
Privatbesitz

Abb. 63
**Louis Douzette: Das Fischertor in Barth**
Öl auf Holz, 44 x 53 cm, sign. u. r., Privatbesitz

Abb. 64
**Louis Douzette: Häuserreihe mit dem Fischertor in Barth**
Gouache auf Karton , 24,3 x 38 cm, sign. u. r.
Vineta-Museum Barth, VMB-507

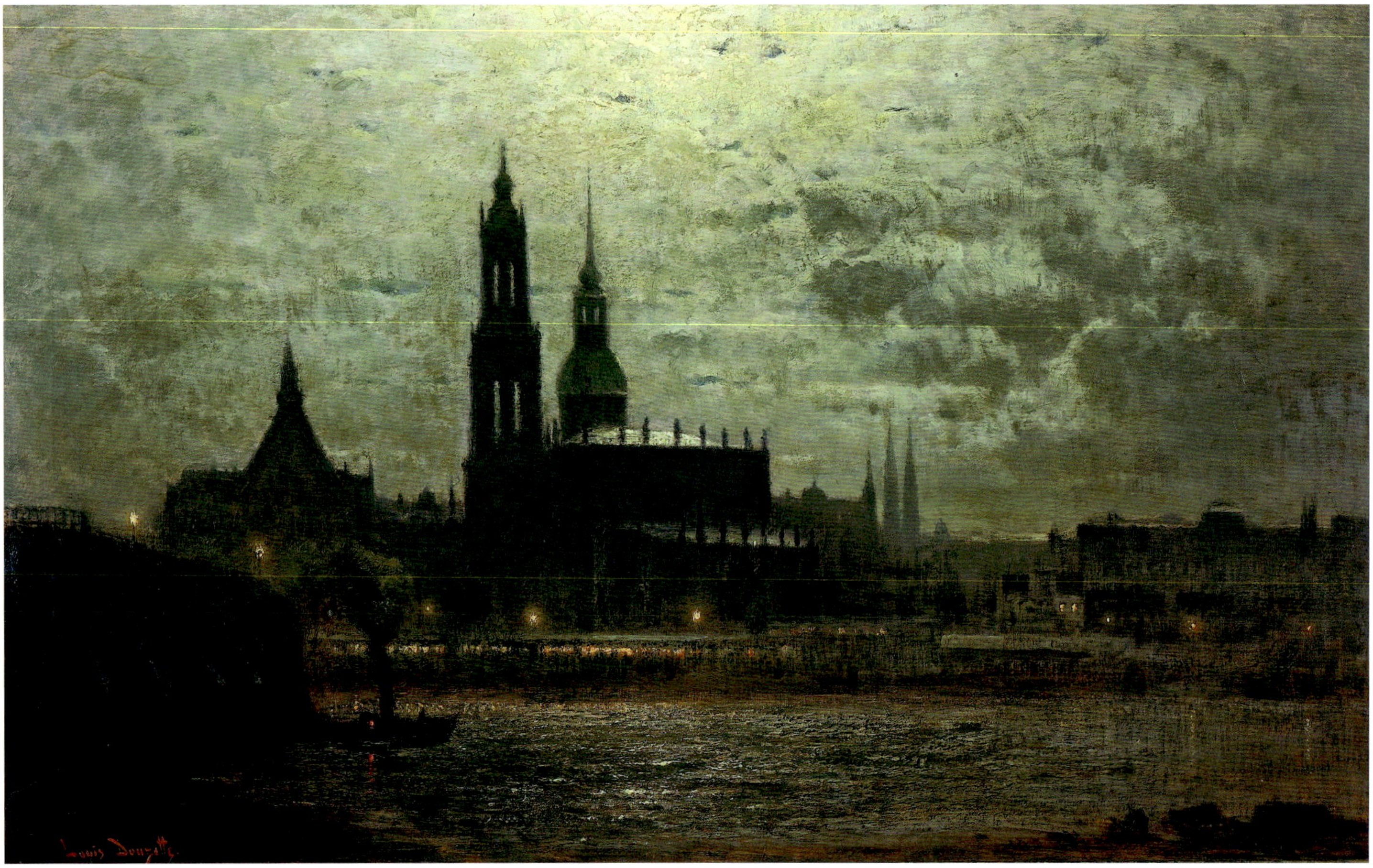

65

## Impulse des Jugendstils und des Impressionismus

In den Barther Jahren nach 1895 ließ sich Douzette insbesondere von den ästhetischen Tendenzen des Jugendstils und des Impressionismus anregen, was in den Bildern *Die Badenden an felsiger Küste* (Abb. 66) und *Die Malerbuchen bei Prerow im Abendlicht* (Abb. 67) ablesbar wird.

Letzteres Motiv hatte Douzette in allen Schaffensphasen immer wieder aufgegriffen. In diesem Spätwerk bestimmen warme Farbklänge – hier zusammen mit dem feurigen Abendrot – den stimmungsvollen Grundton der Komposition, deren Ausdruckskraft durch das matte Licht gesteigert wird, das sich an der grau-weißen Rinde der Buchenstämme reflektiert, um eine anheimelnde, elegische Stimmung der Vergänglichkeit heraufzubeschwören, die durch die gebückte Gestalt der alten Frau im Dickicht des Buschwerks sogar eine metaphorische Konkretisierung erfährt.

## Stadtpanoramen bei Mondschein

Einen der bedeutsamsten und beliebtesten Bildtypen im Werk von Douzette stellen zweifellos dessen Stadtpanoramen bei Mondlicht dar, die seit seiner 1871 an den Rhein, die Mosel und Elbe unternommenen Reise einen gewichtigen Akzent im Œuvre des Meisters setzten (Abb. 65). Douzette spielte bei diesem Bildtypus den Kontrast von verhältnismäßig hellem Gegenlicht und der schwarz-schattigen Silhouetten-Wirkung von Schiffen, Personen und Gegenständen in den nächtlichen Panoramen in unterschiedlichsten Weisen aus. Dabei deklinierte er anhand verschiedener Stadtsilhouetten zahlreiche Möglichkeiten durch, um abwechslungsreich die zauberhafte Atmosphäre auszukosten, die derartige Mondscheinpanoramen dem Auge bieten. Die gezeigten Ansichten von Antwerpen (Abb. 1), Stralsund (Abb. 36) und Barth (Abb. 61) ließen sich durch zahllose weitere Beispiele ersetzen, denn er schuf nach diesem Bildtypus ebenfalls Ansichten von Lübeck, Potsdam, Hamburg, Köln oder Venedig.

66

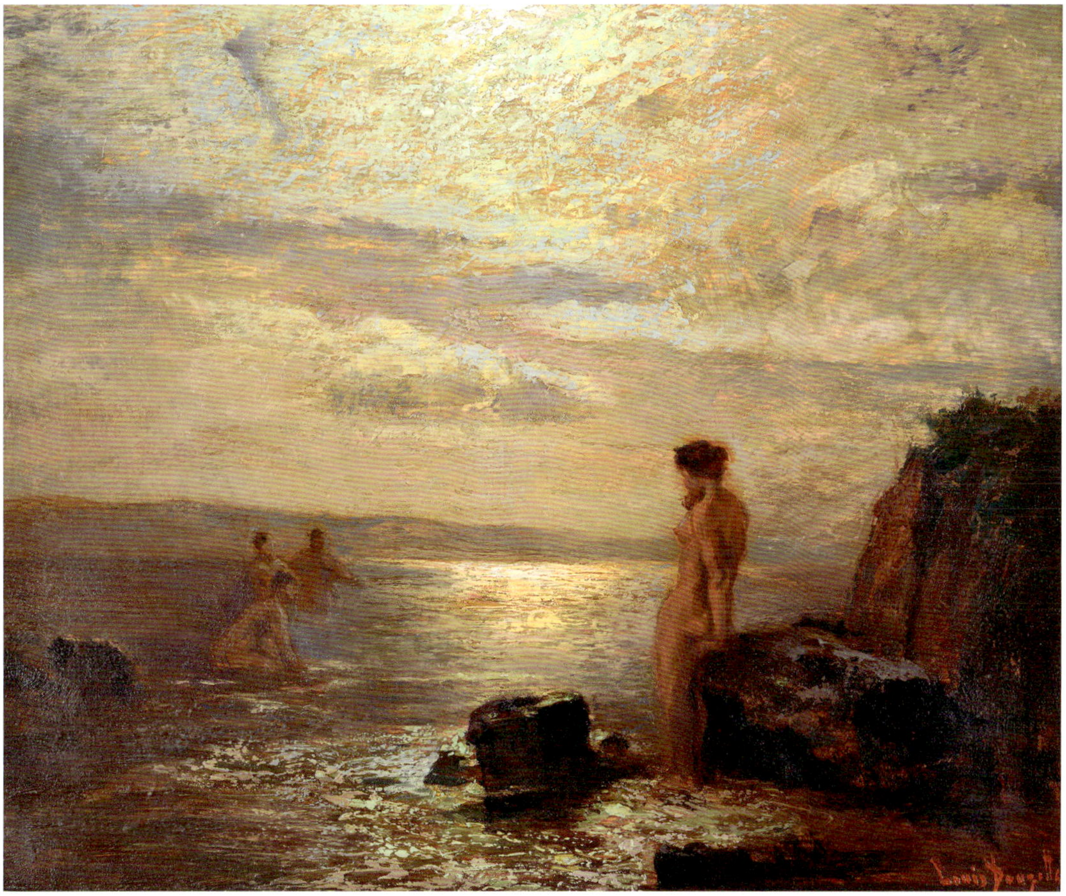

67

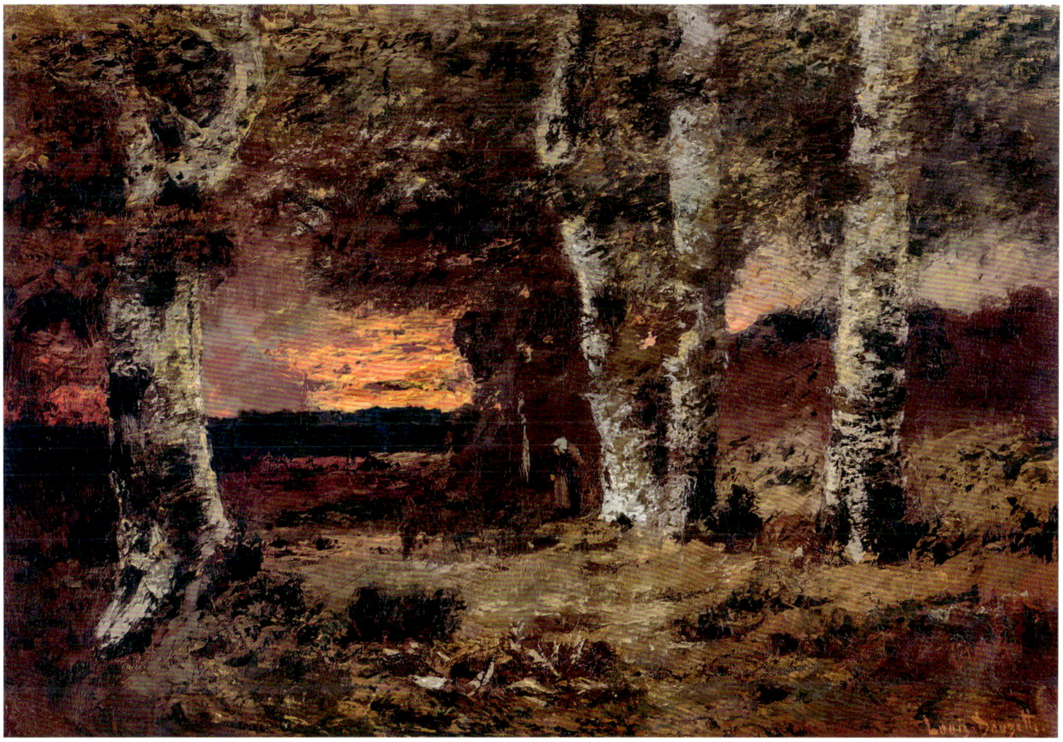

Abb. 65

**Louis Douzette: Mondschein über Dresden**

Öl auf Lw.105 x 72 cm, sign. u. l.
Dauerleihgabe

Abb. 66

**Louis Douzette: Badende an felsiger Küste bei Sonnenuntergang**

Öl auf Lw., 59 x 48 cm, sign.
Dauerleihgabe

68

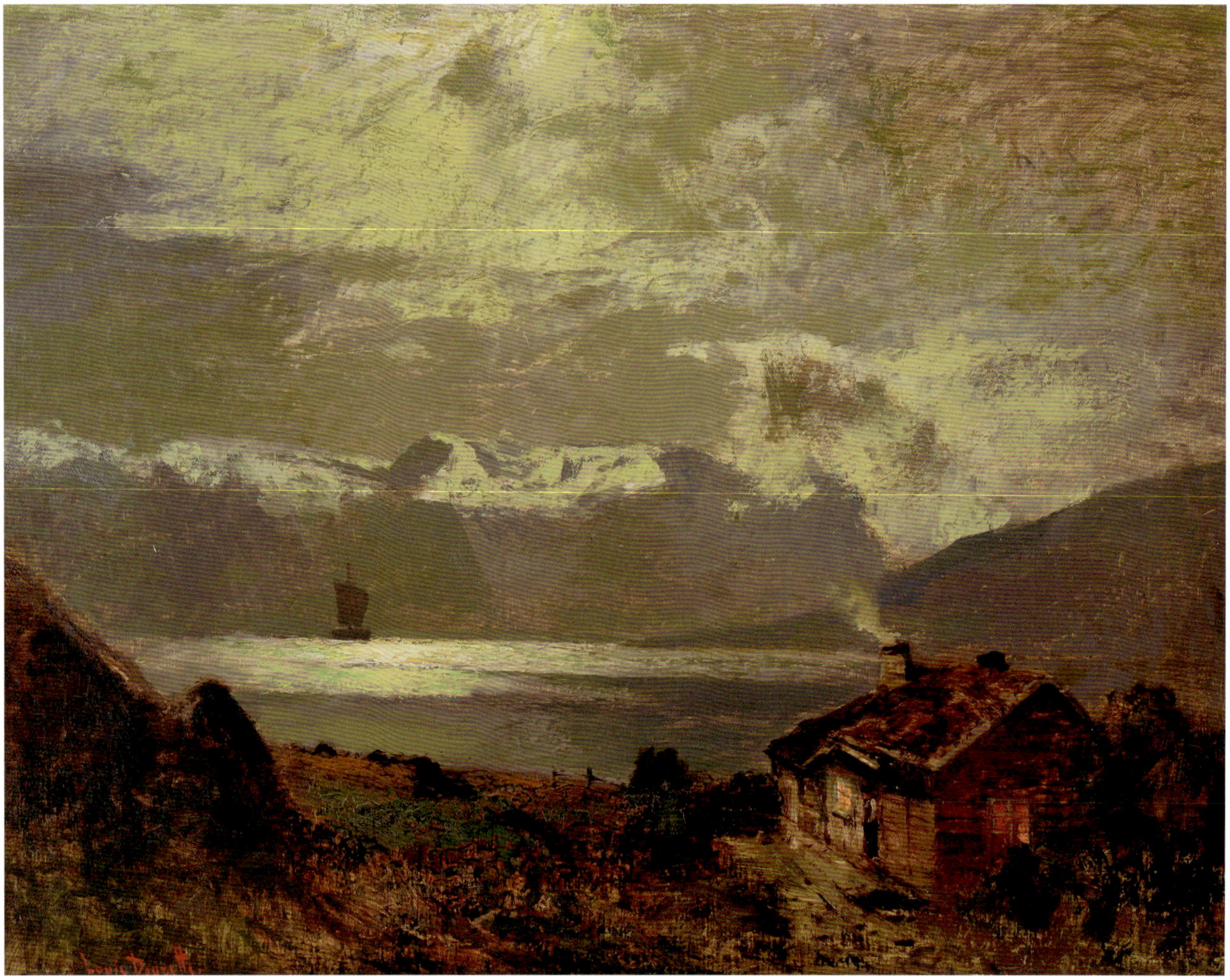

## Schweden- und Norwegenreisen

Ein anderes Motivfeld von Stimmungslandschaften scheint mit den Naturbeobachtungen seiner zweiten Studienreise im Zusammenhang zu stehen, die ihn 1865 nach Schweden führte. Skandinavien hatte solch große Faszination auf den Maler ausgeübt, dass er den weiten Seeweg noch zweimal wiederholte: 1893 und 1906. Seine letzte Reise nach Skandinavien fand in Begleitung von zwei Töchtern und seinem Schwiegersohn A. G. Döring statt. Dabei wurde ein längerer Aufenthalt im norwegischen Batholm für sein Spätwerk besonders prägend.

Im Nachgang dieser Reise entstanden 1907 vom Vänersee, dem Schwedischen Binnenmeer, ein Brandungsgemälde mit besonders eindrücklichen Lichteffekten (Abb. 70). Außerdem entstanden eine großformatige norwegische Fjordlandschaft – *Eingang zum Sognefjord*, (Abb. 68) sowie zahlreiche Studien zu Batholm, die dann in Barth zu weiteren klein- aber auch großformatigen Bildern verarbeitet wurden (Abb. 69). Das führte zu einer Vielzahl von Gemälden, meist Abend und Nachtbilder, bei denen Licht nur indirekt die dichten Wolken durchdringt und den Himmel – je nach dem – in ein goldenes oder silbriges Licht taucht, so dass die Cirrocumuli mal bedrohlich, mal heiter als ›magische Muster‹ am Firmament zwischen den Lichtpartien von Himmel und Wasser zu schweben scheinen und so der Landschaft entweder einen eher melancholischen oder manchmal auch heiteren Ausdruck verliehen.

69

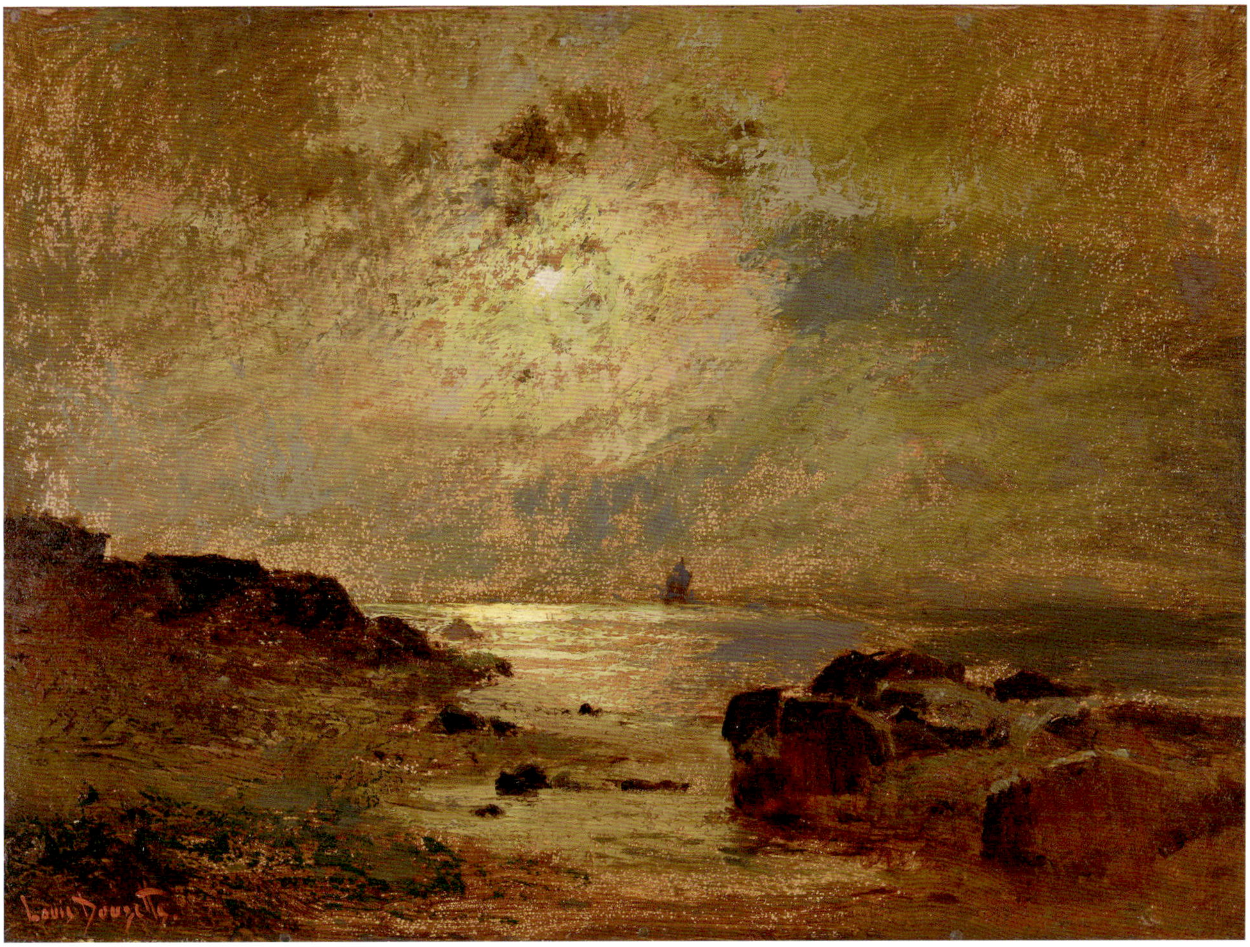

70

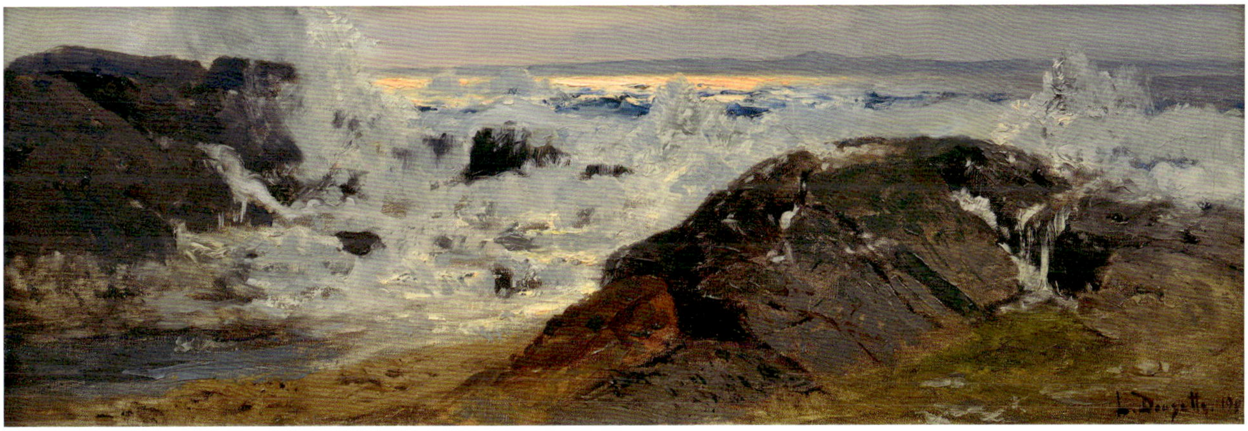

Abb. 67
**Louis Douzette: Malerbuchen bei Prerow im Abendlicht**
Öl auf Lw., 90 x 63 cm, sign. u. r.
Dauerleihgabe

Abb. 68
**Louis Douzette: Norwegische Fjordlandschaft (Eingang zum Sognefjord)**
Öl auf Lw., 97 x 72 cm, sign. u. l.
Privatbesitz

Abb. 69
**Louis Douzette: Meereslandschaft bei Mondschein**
Öl/Malkarton., 50 x 70 cm, Sign. u. l.,
Privatbesitz

Abb. 70
**Louis Douzette: Brandung am schwedischen Binnenmeer, 1907**
Öl auf Lw., sign.u. dat. u. r.
Vineta-Museum Barth, VMB-568

71
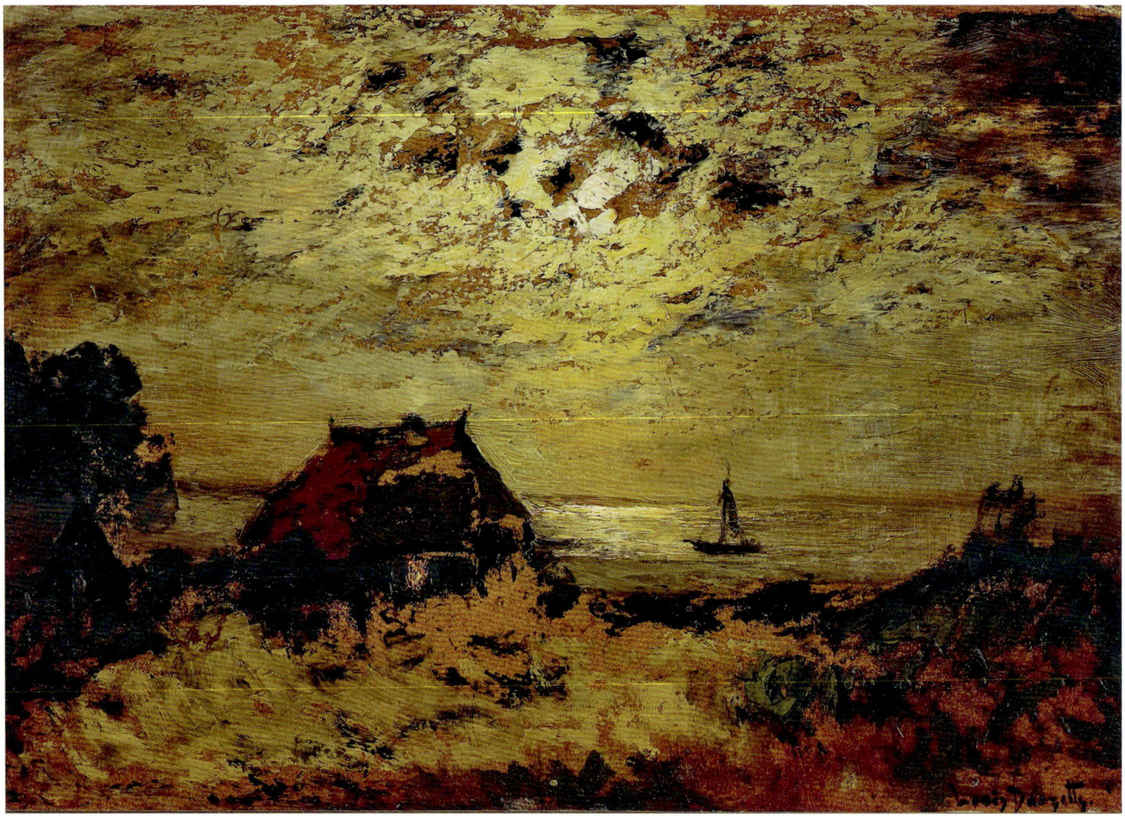

72
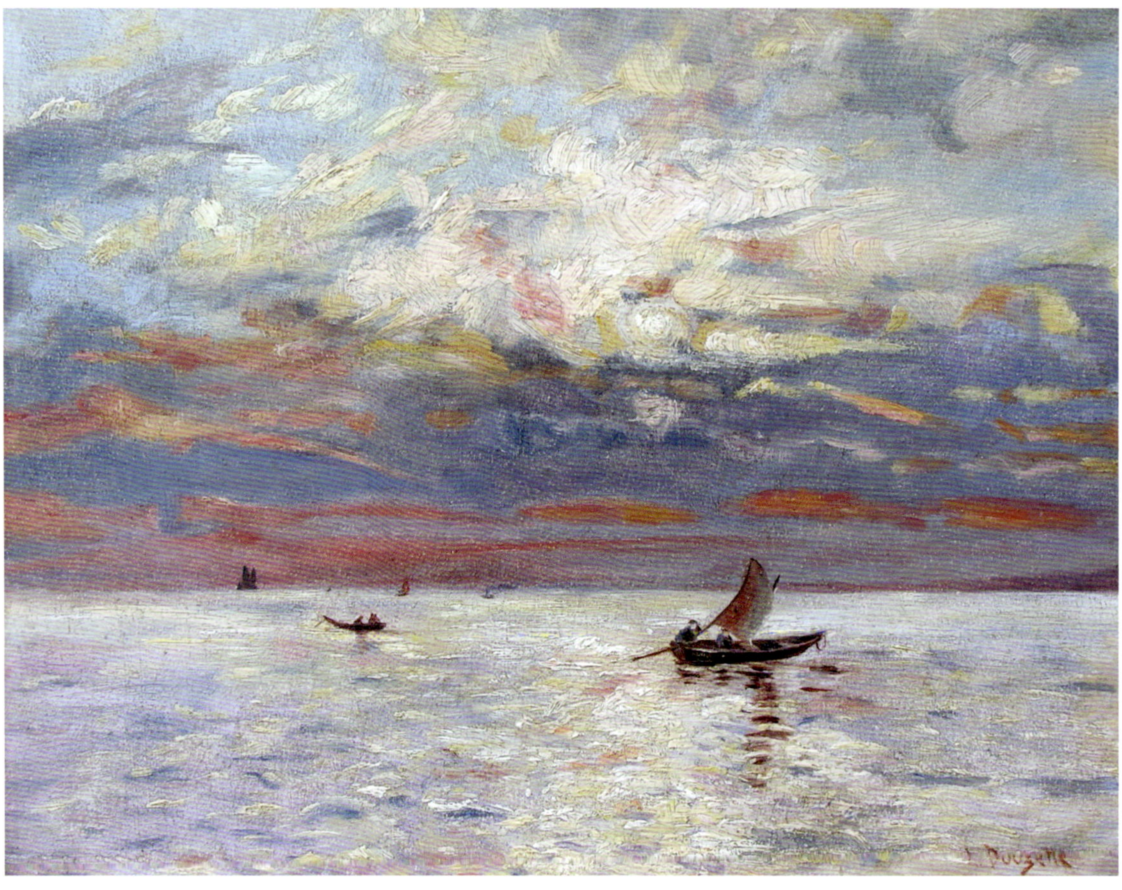

Abb. 71
**Louis Douzette: Gehöft am Bodden im Abendlicht**
Öl auf Lw., 48 X 33 cm,sign. u. r.
Dauerleihgabe

Abb. 72
**Louis Douzette: Boddenfischer, um 1900**
Öl auf Hartfaser, 35 x 27 cm
Vineta-Museum Barth, Inv.-Nr.: VMB- 551

73

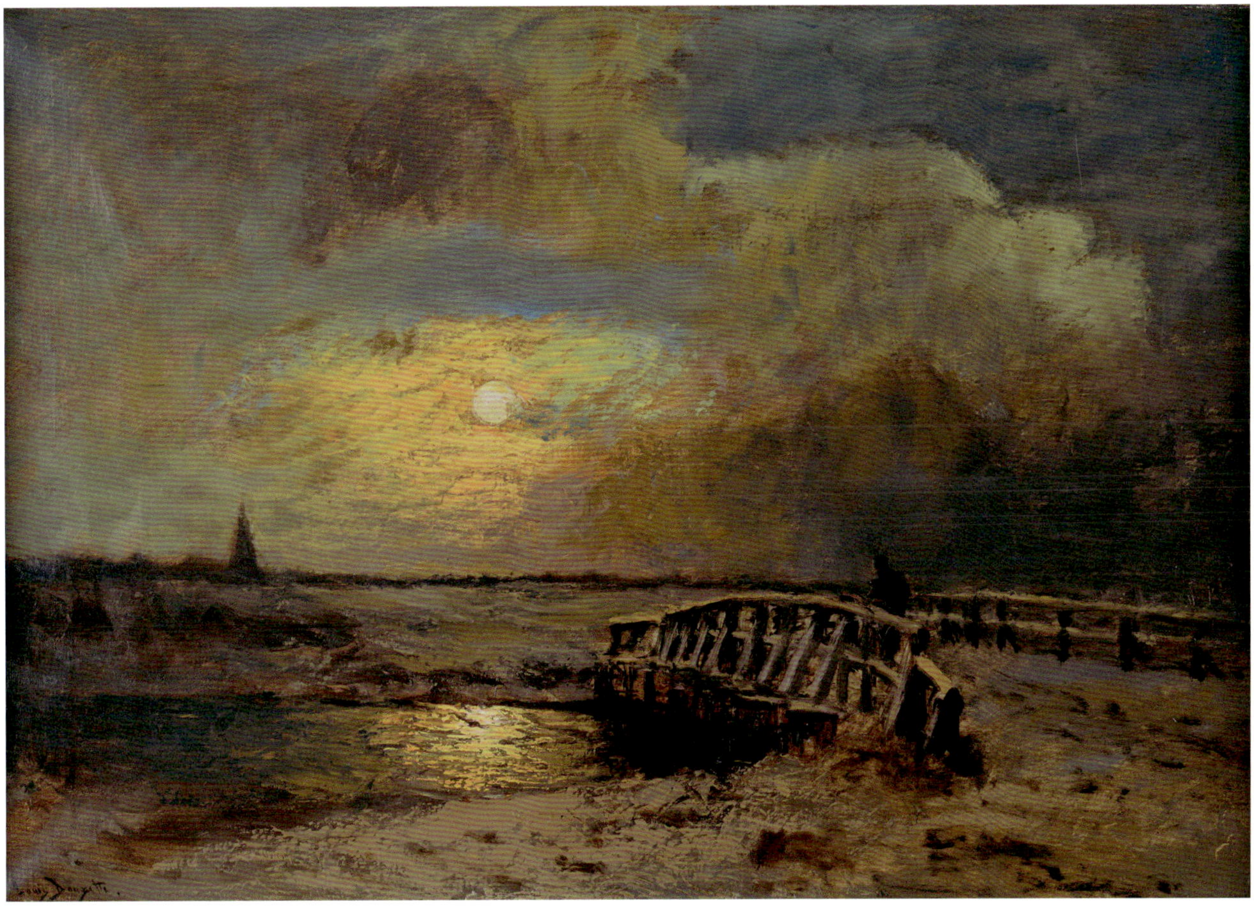

## Anregungen der Moderne

In manchem seiner späten Werke findet sich ein Abglanz expressionistischer Gestaltungsabsichten. Diese treten am augenscheinlichsten beim undatierten *Gehöft am Bodden im Abendlicht* (Abb. 71) in Erscheinung, wo die lapidare Szene eines hinter Dünen liegenden schlichten Fischerhauses von einem aggressiv wirkenden Licht des kalten Vollmonds auf merkwürdige Weise in deutlich verfremdeter Farbgebung überstrahlt wird.

Wuchtig, spontan anmutend betrieb hier der Künstler den Auftrag der Farben, die großfleckig wie ein beinahe abstraktes Muster ziemlich flächenhaft auf der Bildfläche verteilt wurden, so dass nur mittels der Farbperspektive nuancierter Töne ein räumlicher Eindruck entsteht, der dem wie ein pulsierendes Ornament wirkenden Gemälde eine figurative Struktur verleiht, aus der das Motiv der pommerschen Küste ablesbar wird. Dabei bezeichnet ein strahlend heller Fleck von pastos aufgetragenem Zinkweiß das magische Leuchten des vollen Mondes, das durch ein Loch der dichten Wolkendecke scheint und so einen nur zarten Reflex auf der Horizontlinie des Wasserspiegels hinterlässt, vor dem sich die schwarze Silhouette eines Segelbootes gespenstisch abhebt. Die Landschaft selbst bleibt in warmen Brauntönen, die entweder stark oder gar bis auf null reduziert auf die Malpappe aufgetragen werden. Im letzten Fall arbeitet der Farbton der Malpappe dann selbst in solch bewusst limitierter Bildgestaltung mit und trägt damit zur abstrahierenden Vereinfachung des Gegenständlichen bei.

In der Farbgebung besonders überraschend ist eine dominante Starkfarbigkeit, die Douzette im Bild *Boddenfischer* für die Wasserflächen und Wolkendarstellungen wählte (Abb. 72). In der Regel sind seine Werke von Farbtönen, wie er sie in der Landschaft findet, von naturnahen und harmonischen Farbverläufen gekennzeichnet. Es sind Ocker, Braun und die unendlichen Nuancen von Grautönen, mit denen Douzette seine Bildgeschichten vortrug. Dabei kamen nur im bescheidenen Umfang effektvolle Farben zum Einsatz. Seine Landschaften und Wolkenformationen leben von einer farblichen Ursprünglichkeit, die nur in sehr

Abb. 73
**Louis Douzette: Mondschein mit Kirche im Hintergrund,**
Öl/ Holz, 53 x 78 cm sign. u. l.,
Privatbesitz

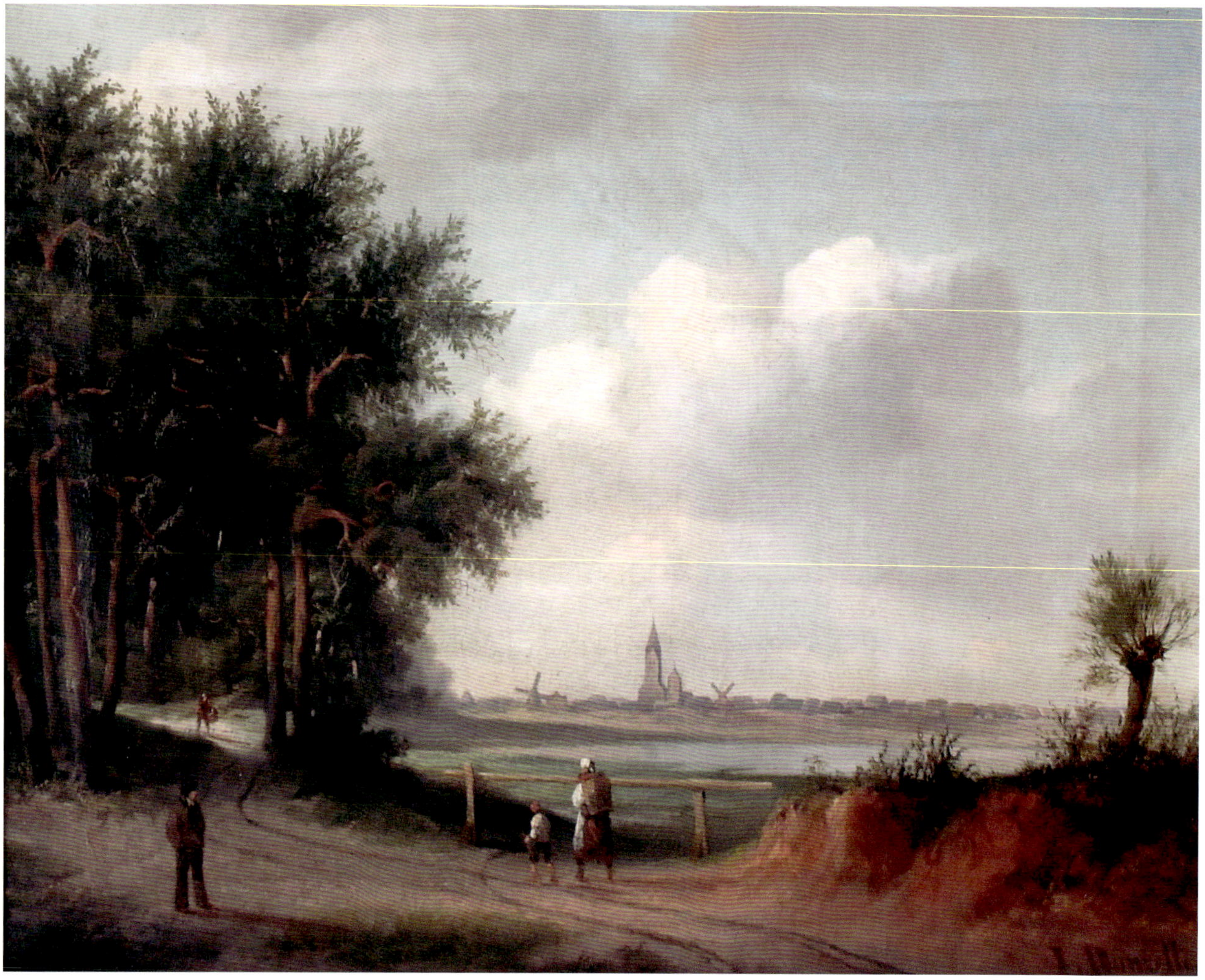

speziellen Licht-Momenten den Eindruck einer »übernatürlichen« Wirkung erzielen.

Die vorgestellten späten Beispiele aus seinem Schaffen lassen erkennen, wie der Künstler die jeweiligen Bildmotive auf markante Formelemente zu reduzieren wusste, indem er die Kompositionen flächenhafter gestaltete und die traditionelle Perspektive aufzulösen begann. Solch ungewöhnliche subjektive Farbgebung erstaunt, zumal Douzette seine emotionale Ausdrucksfähigkeit durch derartige expressive Methoden eher selten zum Einsatz brachte.

In seinem poetischen Spätwerk ging der Künstler weit über früher gefundenen Positionen hinaus, um schließlich mit zunehmenden Alter die ursprünglich feinmalerischen Qualitäten aus dem biedermeierlichen Realismus seiner Anfangsjahre (Abb. 74) mehr und mehr durch einen impulsiven, spachtelnden Farbauftrag zu ersetzen, zu dem er seit etwa der Jahrhundertwende durch seine wachsende Auseinandersetzung mit dem Zeitgeist immer entschiedener gelangte (Abb. 73).

Die Natur, die Landschaft, wurden zunehmend von Douzette wesensgleich wiedergegeben, nicht mehr in der bis dahin üblichen naturalistischen Art, sondern in einem subjektiven Eindruck von der universellen Natur, die lebenslang seine Lehrmeisterin blieb.

Abb. 74
**Louis Douzette: Barth vom Westen aus gesehen mit Holländer- und Bockmühle, um 1860**
Öl auf Leinwand
Privatbesitz

# Louis Douzette (1834–1924)
# Ein Künstlerleben in Daten

**1834**
**25. September:** Carl Christoph Ludwig (genannt Louis) Douzette erblickt in Tribsees/Pomm. als sechstes Kind des Malermeisters Wilhelm Douzette (1800–1880) und dessen Frau Marie, geb. Gerlach, das Licht der Welt

**1840**
**Ostern:** Einschulung in Tribsees, Übersiedlung der Familie nach Franzburg/Pommern

**1852**
Übersiedlung der Familie Douzette nach Barth/ Pommern

**1856–1861**
Der Versuch, sich in Berlin zum Maler ausbilden zu lassen, schlägt zunächst fehl und zwingt ihn, sich als »Stubenmaler« zu verdingen. Nebenbei in den Winterhalbjahren Besuch von Abend- und Sonntagsschulen

**1861**
Der Aufstieg zum Dekorationsmaler trägt zur Verbesserung seiner finanziellen Situation bei; Kopieren von Werken alter Meister (z. B. Jakob van Ruisdael, Aert van der Neer u. a. Niederländer) in der Gemälde-Galerie des Königlichen Museums in Berlin; es entstehen Landschaftsskizzen im Berliner Tiergarten

**1863–1864**
Atelierschüler in der privaten Malschule des Landschafts- und Marinemalers Hermann Eschke (1823–1900); Studien im Berliner Tiergarten

**1864**
Eine erste Studienreise führt ihn nach Rügen, Hiddensee und auf die Insel Vilm.
Douzette stellt erstmals auf der Kunstausstellung der Berliner Kunstakademie drei Ölgemälde aus: »Abendstimmung«, »Müggelbude am Müggelsee« und »An der Havel«

**1865**
Dreiwöchige Studienreise mit der Bark »Carl Heinrich« nach Schweden, um im äußersten Norden das Licht der Mitternachtssonne zu studieren
Mitgliedschaft im Verein Berliner Künstler (bis 1924) mit zeitweiliger Kommissionstätigkeit
Eheschließung mit Louise Donner

**1866**
Douzette beschickt die XLV. Ausstellung der Königlichen Akademie in Berlin mit fünf Ölgemälden

**1871**
Schiffsstudien in Swinemünde, an Rhein und Mosel sowie Oberitalien
Nicht dokumentierte Reisen führen ihn in den 1870-er Jahren nach München, in die Alpen, nach Florenz, Venedig und nach Wien; zwischenzeitlich häufige Aufenthalte im Barther Land

**1878**
Zwei Studienreisen führen Douzette in diesem Jahr nach Paris, wo es auf der Weltausstellung zur Begegnung mit Werken der Maler der Schule von Barbizon kommt

**1882**
Mit dem Gemälde »Mittagssonne im Buchenwald von Prerow« entsteht aus den vorpommerschen Studien eine neue Motivgruppe; regelmäßige Sommeraufenthalte in Prerow. Auf der Kunstausstellung der Akademie der Künste in Berlin zeigt er Alt-Prerow auf dem Darß (Ankauf durch die Nationalgalerie, Kriegsverlust)

**1885**
Studien auf der Insel Vilm

**1886**
Sommer-Aufenthalt in Prerow auf dem Darß und Beteiligung an der Jubiläumsausstellung »100 Jahre Berliner Akademieausstellungen«. Er erhält die Große Goldene Medaille für Kunst für das Bild »Mittagsonne im Buchwald von Prerow«

**1888**
Beteiligung an Kunstausstellung in Melbourne/Australien. Er erhält für das Gemälde »Mondnacht in Venedig«, das von der National Gallery of Victoria, Melbourne angekauft wird, die Große Goldmedaille; Sommer-Aufenthalt in Prerow

**1889**
Dritte Reise nach Paris und Besuch der Weltausstellung
**August**: Studienaufenthalt in Ahrenshoop/Darß)

**1890**
**März**: Tod der Ehefrau; Sommeraufenthalt in Prerow, um diese Zeit Begegnung mit dem jungen Maler Adolf Gustav Döring (1864–1937), der damit begann, Gemälde Douzettes durch druckgraphische Techniken zu vervielfältigen

**1893**
Beteiligung an der ersten Großen Berliner Kunstausstellung, die er von nun ab bis 1916 regelmäßig mit seinen Gemälden beschickt. Er zeigte dort u. a. die beiden Gemälde »Mondnacht bei Köln a. Rhein / Im Waldesschatten«. Zweite Studienreise nach Schweden

**1894**
Beteiligung an der Großen Berliner Kunstausstellung, auf der er zahlreiche Werke ausstellt: »Waldeinsamkeit auf einer schwedischen Insel am Kattegat«, »Dorfschmiede bei Mondnacht«, »Brandung an der schwedischen Ostseeküste«; Sommeraufenthalt in Prerow

**1895**
Übersiedlung nach Barth, in die Villa Chausseestraße 33

**1896**
Verleihung des Professorentitels durch die Königliche Akademie der Bildenden Künste in Berlin

**1900**
Mit der Leistung des Bürgereids in Barth wird Louis Douzette dort Bürger I. Klasse

**1906**
Dritte Reise nach Schweden und Norwegen in Begleitung von zwei Töchtern und seinem Schwiegersohn, dem Maler Adolf Gustav Döring (1864–1938); Aufenthalt in Batholm

**1907**
Studienreise mit seinem Schwiegersohn nach Belgien (Antwerpen), Holland und England (London)
In der Spätphase seines Schaffens Wandel hin zu einer zunehmend impressionistischen Malweise und Lichtinterpretation
Es entstehen zahlreiche Gemälde in seinem Barther Atelier nach Freiluft-Skizzen
Gemeinsam mit seinem Schwiegersohn A. G. Döring betreibt Douzette eine Malschule in seinem Atelier in Barth

**1910**
**25. September:** Ernennung zum Ehrenbürger der Stadt Barth aus Anlass seines 76. Geburtstags

**1924**
**21. Februar:** Louis Douzette stirbt; er wird am 25. Februar auf dem Barther Friedhof bestattet

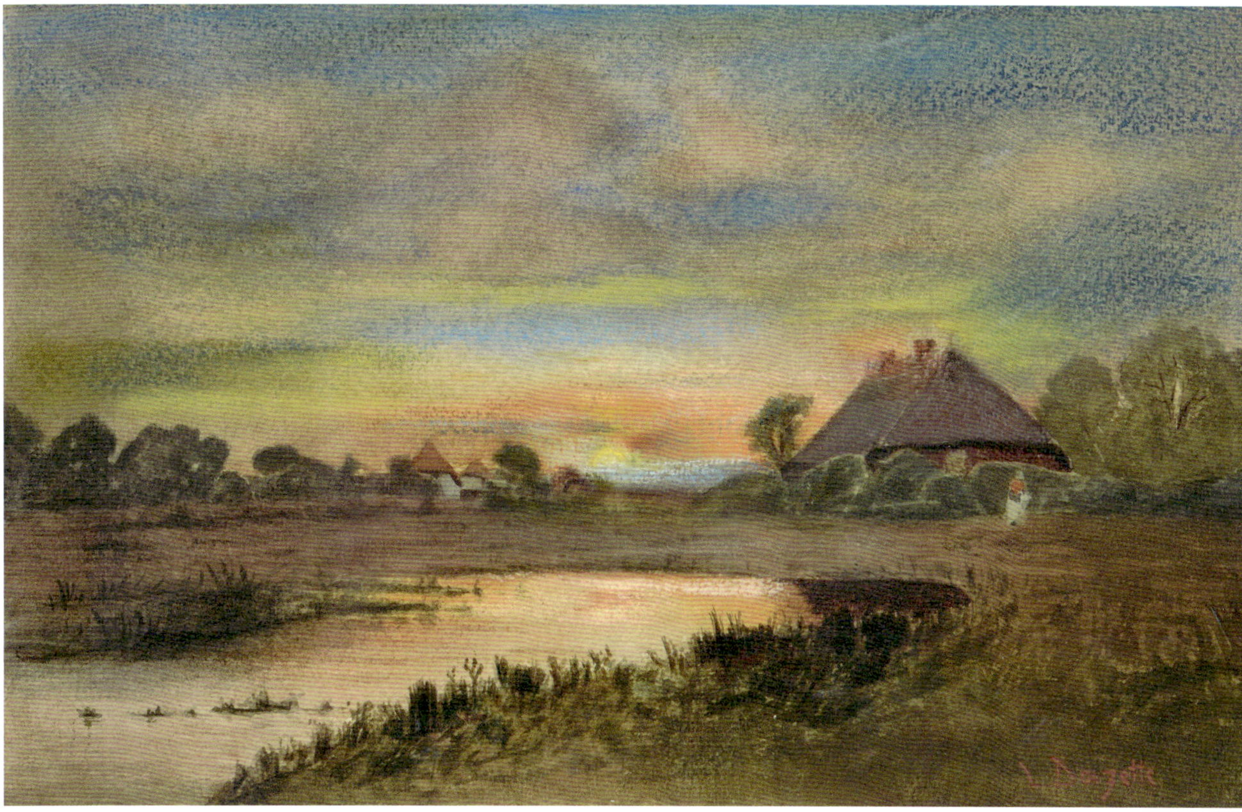

75

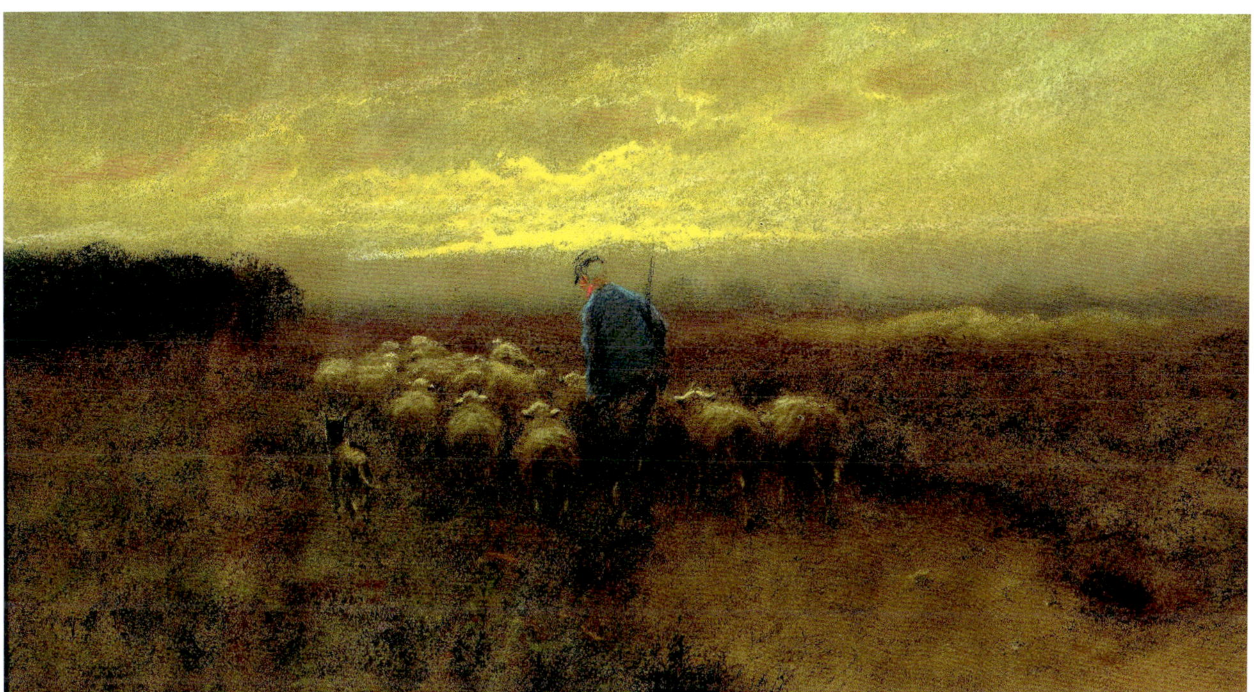

76

Abb. 75
**Louis Douzette: Auf dem Darß**
Pastellkreide auf Papier, 22 x 36 cm, sign. u. r.
Vineta-Museum Barth, Inv.-Nr.: VMB-553

Abb. 76
**Louis Douzette: Schäfer mit Herde**
Pastellkreide auf Papier, 25 x 45 cm, sign. u. r.
Dauerleihgabe

**Danksagung**

Besonderer Dank gilt Dr. Gottfried Böhme und seiner Familie, die durch die Schenkung des Douzette-Nachlasses dieses Projekt sehr befördert haben.

Ebenso herzlich sei allen Dauer-Leihgebern gedankt, die dem Museum ihre Kunstobjekte seit vielen Jahren zur Verfügung stellen und damit die permanente Douzette-Ausstellung des Barther Museums bereichern. Namentlich seien hier Herr Harald Kühnle und Frau Susanne Partenscky genannt, sowie Charlotte und Jürgen Lanz und deren Familie.

Für das Interesse der Sammler und die Ausleihe einiger Ihrer »Lieblingskunstwerke« danken wir allen Leihgebern. Damit haben sie eine wesentliche Grundlage für die Douzette-Ehrung in der Region gelegt und eine der umfangreichsten Douzette-Ausstellungen ermöglicht.

Für alle technische und umsichtige Hilfe bei der Erstellung des Buches und der Ausstellung danke ich Christian Schumacher und den Mitarbeitern des Museums. Für die fotografischen Arbeiten Bernd Rickelt und für das Korrekturlesen Gerd Meyerhoff. Alle Ungenannten, die zum Gelingen dieses Buches beigetragen haben sind in diese Danksagung eingeschlossen.

Für die Übernahme der Schirmherrschaft zur Douzette-Ehrung 2024 in Vorpommern danken wir Herrn Heiko Miraß. Das Projekt wurde gefördert aus dem Fonds für Vorpommern und das östliche Mecklenburg.

Gefördert aus dem Fonds für Vorpommern und das östliche Mecklenburg

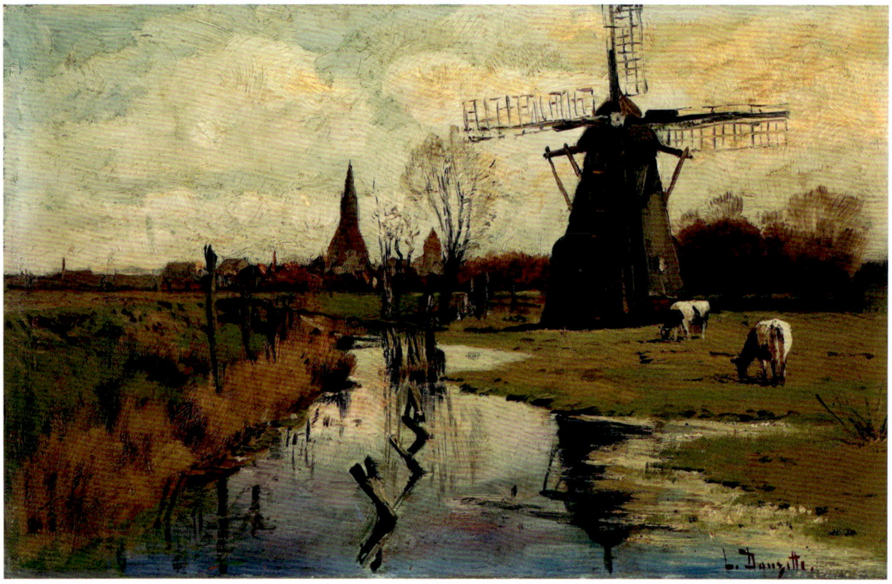

Abb. 77
**Louis Douzette: Holländermühle mit Ansicht auf Barth (Mühle Dabs)**
Öl auf Malkarton, 23 x 38 cm
sign. u. r.
Vineta-Museum Barth,
Inv.-Nr.: VMB-556

Bibliografische Information der Deutschen Nationalbibliothek

Die Deutsche Nationalbibliothek verzeichnet diese Publikation in der Deutschen Nationalbibliografie; detaillierte bibliografische Daten sind im Internet über https://portal.dnb.de abrufbar.


Tel.: 0431-85464 | Fax: 0431-8058305
info@verlag-ludwig.de | www.verlag-ludwig.de

Titelbild: Louis Douzette: Segelschiffe am Abend (1873) mit freundlicher Genehmigung Stadtmuseum Bautzen

Gedruckt auf säurefreiem und alterungsbeständigem Papier
Printed in Germany

ISBN 978-3-86935-475-0